LOS
ÚLTIMOS
TIEMPOS

LOS ÚLTIMOS TIEMPOS

GEORGE ELDON LADD

UNA ESCATOLOGÍA

PARA PERSONAS

LAICAS

 Vida

LOS ÚLTIMOS TIEMPOS
Edición en español publicada por
Editorial Vida – 2023
Nashville, Tennessee
© **2023 Editorial Vida**
Este título también está disponible en formato electrónico.

Publicado originalmente en EUA bajo el título:
The Last Things
Copyright © 1978 por George Eldon Ladd
Publicado con permiso de W. B. Eerdmans Publishing Co.
Todos los derechos reservados
Prohibida su reproducción o distribución.

Traducción, edición y adaptación del diseño al español: *Grupo Scribere*

ISBN: 978-0-82977-167-1
eBook: 978-0-82977-169-5
Número de Control de la Biblioteca del Congreso: 2022936141

CATEGORÍA: Religión / Teología cristiana / Escatología

IMPRESO EN ESTADOS UNIDOS DE AMÉRICA
PRINTED IN THE UNITED STATES OF AMERICA

23 24 25 26 27 LBC 5 4 3 2 1

INDICE

Prefacio a la edición en español   vii

1. Cómo interpretar las Escrituras proféticas   1

2. ¿Qué sucede con Israel?   17

3. El estado intermedio   29

4. La segunda venida de Cristo   43

5. El lenguaje del segundo advenimiento   55

6. El anticristo y la gran tribulación   65

7. La resurrección y el rapto   81

8. El juicio final   97

9. El reino de Dios   115

Acerca del autor   134

PREFACIO A LA EDICIÓN EN ESPAÑOL

E s un gran honor para mí escribir el prólogo de uno de los pensadores cristianos más significativos en mi crecimiento espiritual y formativo de mi desarrollo bíblico sobre lo que la biblia enseña respecto el reino de Dios y la nación de Israel. Al trabajar en una región bélica, arraigada en miles de años de conflictos, muchas veces me he preguntado por qué vale la pena nuestro trabajo. El doctor George Eldon Ladd me ayudó a ver que uno de los valores teológicos permanentes de la vida y el ministerio de Jesús es que «Dios todavía obra en la historia».

Dios y la historia

El doctor George Eldon Ladd debe ser uno de los pensadores cristianos más subestimados del siglo pasado y, sin embargo, lo considero uno de los más relevantes y necesarios para nuestro tiempo. Con amenazas de guerras en todas partes, la economía que colapsa a niveles sin precedentes y la sociedad cada vez más polarizada, las obras de Ladd, de manera oportuna, nos ayudan a ver la esperanza viva y el consuelo presente que tenemos en que Dios no ha terminado de obrar a través de la historia. Por esta razón, tener disponible al español las obras de Ladd para la iglesia de habla hispana hará que sean de gran bendición y empoderamiento a esta época de mucha dificultad y turbación.

Conocido por acuñar la frase: «Ya, pero todavía no», el doctor Ladd definió el reino de Dios como «el gobierno, dominio o autoridad real de Dios que entró en el mundo en la persona de su Hijo Jesucristo». En otras palabras, el reino de Dios, si bien es una promesa futura del siglo venidero, es también una realidad inaugurada en la persona de Cristo (Ladd, a esta naturaleza dúo del reino, hace referencia como el «ya, pero todavía no») para ser experimentada por los hombres en el presente siglo malo a través del nuevo nacimiento. Por esta razón, la proclamación del evangelio, aún en tiempos malos y bélicos, sigue siendo una esperanza viva y poderosa. «La vida eterna pertenece al reino de Dios, al siglo venidero —afirmó Ladd—. No obstante, esta también ha entrado en el presente siglo malo para que los seres humanos puedan experimentar la vida eterna en medio de la decadencia y la muerte».

Dios y la nación de Israel

Las obras del doctor George Eldon Ladd también son importantes para la discusión bíblica sobre Israel. Para sorpresa de algunos, Ladd no es dispensacional ni tampoco se remonta en la teología del pacto para interpretar lo que la Biblia enseña sobre Israel. Haciendo hincapié en el contexto bibliológico del reino de Dios, el mensaje central del evangelio, Ladd demuestra cómo Dios no ha terminado con la antigua nación judía. Por un lado, Ladd reconoce a la Iglesia como el nuevo Israel. Por otro lado, reconoce que «la idea bíblica del reino de Dios está profundamente arraigada en el Antiguo Testamento y basada en la confianza de que existe un Dios vivo y eterno, que se ha revelado a sí mismo a los hombres y tiene propósitos para la raza humana, los que ha determinado cumplir a través de Israel».

La postura que Ladd ofrece es formidable y oportuna en el día de hoy para la discusión bíblica sobre Israel. Por primera vez en 2000 años, la Iglesia cristiana existe junto a una próspera nación judía. Por la mayor parte de su historia, la Iglesia no ha tenido que considerar su identidad aparte de un Israel inexistente y un pueblo judío dispersado por los romanos desde el año 70 d. C. No obstante, todo eso cambió en el año 1948 cuando esta nación —destruida y dispersada, que salía desde las cenizas de los campos de exterminio nazi— regresó a la tierra que Dios les prometió hace 4000 mil años. Esto fue un evento que conmovió a las naciones del mundo y estremeció los fundamentos teológicos de aquellos que tenían por sentado la destrucción absoluta de la nación de Israel.

El trabajo recién empieza

Hoy se há levantado una nueva ola de pensadores cristianos dispuestos a repensar muchas de las presuposiciones tomadas por sentado respecto al destino final de la nación judía y el pacto de Dios con ellos. Yo estoy convencido de que las obras de Ladd serán una contribución monumental a dicha discusión y nos servirá como base para muchos años. Mi deseo es que cada pastor, estudiante y amante de la Escritura lleguen a un pleno entendimiento de la obra del reino de Dios en un mundo tan caótico e impredecible, y de la voluntad y el propósito de Dios para con Israel y la Iglesia.

Jesse Rojo
Director de Philos Latino para The Philos Project, organización que promueve la participación positiva de los cristianos con el Cercano Oriente
Julio del 2022

CÓMO INTERPRETAR LAS ESCRITURAS PROFÉTICAS

ntes de adentrarnos en un estudio de lo que la biblia enseña sobre los últimos tiempos, nos enfrentamos a la pregunta de la metodología: ¿cómo construiremos nuestra escatología? Los evangélicos reconocen que la Biblia está inspirada por el Espíritu Santo y constituye nuestra única regla infalible para la fe y la práctica, pero ¿qué significa esto cuando preguntamos lo que enseña la Biblia sobre diversos temas doctrinales, especialmente sobre la escatología?

Muchos evangélicos sienten que la inspiración de toda la Biblia lleva a la conclusión de que la Palabra tiene el mismo valor teológico. Las muchas profecías de la Biblia son como las piezas de un rompe-cabezas que solo hace falta que encajen para que nos den un gran mosaico de los propósitos redentores de Dios, tanto para el presente como para el futuro.

Sin embargo, un poco de reflexión muestra que este procedimiento es imposible. Los dos testamentos tienen temas muy diferentes como su materia de estudio. El Antiguo Testamento se ocupa principalmente del pueblo de Israel, los descendientes elegidos de Abraham, a quienes Dios llamó para que fueran su pueblo especial. Israel se constituyó como nación entre otras naciones con una monarquía, un templo y un sacerdocio. El Antiguo Testamento es ante todo la historia de esta nación, sus guerras con otras naciones, sus avivamientos religiosos y sus apostasías, su derrota política final y su cautiverio a manos de Asiria y Babilonia y, finalmente, el regreso de un remanente del pueblo a su tierra en Palestina en los días de Esdras y Nehemías.

> Dios traería un avivamiento entre el pueblo para que se arrepientan y se vuelvan en obediencia a él.

A lo largo del período de la monarquía y el cautiverio, hubo profetas que surgieron entre el pueblo de Israel para proclamar el juicio de Dios sobre la nación debido a su apostasía, pero también para anunciar que la apostasía de Israel no era definitiva ni irremediable. En un futuro indeterminado, Dios traería un avivamiento entre el pueblo para que se arrepientan y se vuelvan en obediencia a él. A su vez, esto tendría como resultado el favor de Dios sobre la nación, e Israel sería restaurado en paz y prosperidad para heredar la tierra. En el Antiguo Testamento, la salvación escatológica siempre se describe en términos del destino nacional y teocrático del pueblo de Israel. *No existen profecías claras de la Iglesia cristiana como tal en el Antiguo Testamento.* Los gentiles sí tienen, de hecho, un lugar en el futuro de Israel; pero no hay un concepto uniforme en el Antiguo Testamento de cuál será ese lugar. A veces, los gentiles serán sometidos por la fuerza y obligados a servir a Israel (Am 9:12; Mi 5:9-13; 7:16-17; Is 45:14-16; 49:23; 60:12,14). En otras ocasiones, los gentiles se convierten a la fe de Israel para servir al Dios de Israel (Sof 3:9, 20; Is 2:2-4; 42:6-7; 60:1-14; Zac 8:20-23; 14:16-19). Israel sigue siendo el pueblo de Dios, y la salvación futura es, antes que nada, la salvación de Israel.

Cuando leemos el Nuevo Testamento, nos encontramos con una situación muy diferente. Jesús se ofreció a sí mismo para ser el Mesías de Israel solo para ser rechazado y finalmente crucificado. Como consecuencia, «... el reino de Dios será quitado de vosotros [Israel], y será dado a gente que produzca los frutos de él» (Mt 21:43). Sin embargo, un remanente del pueblo sí respondió a su mensaje y se convirtieron en sus discípulos.

> La escatología en el Nuevo Testamento trata, en gran parte, del destino de la iglesia.

Hechos narra la historia del nacimiento de la iglesia en Pentecostés, pero esta iglesia era muy diferente a Israel. En lugar de ser una nación, la iglesia era una comunidad abierta de personas que creían que Jesús era el Mesías. Al principio, la iglesia estaba formada, en gran medida, por judíos, pero el Libro de Hechos cuenta cómo la iglesia se trasladó al mundo de los gentiles y aceptó a muchos gentiles en su comunidad, y concluye con la historia de Pablo predicando a una iglesia en Roma mayoritariamente compuesta por gentiles. La escatología en el Nuevo Testamento trata, en gran parte, del destino de la iglesia.

Aquí tenemos dos historias diferentes: la historia de la nación de Israel y la historia de la iglesia. ¿Qué debemos hacer con este dilema aparente?

Se han propuesto dos respuestas radicalmente diferentes, y todo estudiante de profecía debe elegir una. La primera es concluir que

Dios tiene dos programas diferentes: uno para Israel y otro para la iglesia. Israel fue, sigue siendo y será un pueblo teocrático destinado a heredar la tierra prometida de Palestina, de quien Jesús será el Rey davídico, cuando las profecías del Antiguo Testamento serán cumplidas al pie de la letra. Este sistema se llama *dispensacionalismo*. Es común pensar que la principal doctrina del dispensacionalismo es una serie de dispensaciones o períodos en los que Dios trata de formas diferentes con su pueblo. Sin embargo, esto, es incorrecto. Al juzgar por esta norma, todo estudiante de la Biblia debe ser dispensacionalista. Están las eras de la promesa después de Abraham, de la ley bajo Moisés, de la gracia bajo Jesús y del reino de Dios en el futuro. Más bien, las dos doctrinas principales del dispensacionalismo dicen que hay dos pueblos de Dios para quienes Dios tiene dos programas y destinos diferentes: teocrático y terrenal para Israel, espiritual y celestial para la iglesia.[1] La segunda forma de interpretar la profecía es reconocer la revelación progresiva e interpretar el Antiguo Testamento con el Nuevo Testamento. Los dipensacionalistas suelen referirse a esto como la teología del pacto porque enfatiza el elemento de unidad entre el antiguo y el nuevo pacto. Sin embargo, este escritor, que apoya este método, no lo hace porque haya sido criado en la teología del pacto; de hecho, en sus primeros años era dispensacionalista. Ha sido por su propio estudio inductivo de la Biblia que se ha convencido de que el Antiguo Testamento debe ser interpretado (y a menudo reinterpretado) por la nueva revelación dada en la persona y la misión de Jesucristo.

Antes de aplicar este principio a la escatología, intentaremos establecer su validez mediante un estudio de la cristología bíblica, es decir, su enseñanza sobre el Mesías.

Hay tres personajes mesiánicos en el Antiguo Testamento que se yuxtaponen sin ninguna indicación de cómo se relacionan entre sí.

---

1. Ver Charles. C. Ryrie, *Dispensacionalismo, hoy* (Barcelona, España: Publicaciones Portavoz Evangélico, 1974) p. 83.

El primero es el del Rey davídico: en la época del Nuevo Testamento se lo llama «el Mesías», «el Cristo», «el Ungido». Este heredero real al trono de David se describe vívidamente en Isaías 11. Isaías ve un día en que el árbol genealógico del linaje real de Isaí, el padre de David, caería. Parecería que las esperanzas mesiánicas de los herederos de David quedaran frustradas; pero del tronco del árbol caído surgiría un nuevo brote, un nuevo vástago, un nuevo heredero real. «Y reposar[ía] sobre él el Espíritu de Jehová...» y le daría sabiduría, entendimiento y conocimiento, lo que a su vez le permitiría gobernar a su pueblo con verdadera justicia, rectitud y equidad. Su misión principal sería la de un rey justo. No solo gobernaría a su pueblo con rectitud, sino que tendría el poder para destruir a los enemigos de Dios y de su pueblo. «... herir[ía] la tierra con la vara de su boca, y con el espíritu de sus labios matar[ía] al impío». El resultado será un gobierno de paz y bienaventuranza. La maldición desaparecerá de la naturaleza. Las bestias feroces perderán su ferocidad. «Morará el lobo con el cordero, y el leopardo con el cabrito se acostará; el becerro y el león y la bestia doméstica andarán juntos, y un niño los pastoreará». Sin embargo, este es solo un aspecto de su reino. «... la tierra se llenará del conocimiento de la gloria del SEÑOR como las aguas cubren el mar» (Hab 2:14, NBLA). Esto, a su vez, significará la salvación de los gentiles. «Acontecerá en aquel día que las naciones acudirán a la raíz de Isaí, que estará puesta como señal para los pueblos, y será gloriosa Su morada» (Is 11:10, NBLA).

Aquí no dice nada sobre un humilde profeta de Nazaret que anduvo como un hombre entre los hombres, enseñando, curando,

> Hay tres personajes mesiánicos en el Antiguo Testamento que se yuxtaponen sin ninguna indicación de cómo se relacionan entre sí.

ayudando. Aquí no dice nada sobre un Dios eterno y preexistente que se hizo carne y habitó entre nosotros. Aquí no dice nada sobre un siervo humilde que sufrió la muerte por los pecados de la humanidad. Todo el énfasis está en su gobierno victorioso: su triunfo sobre los hombres impíos, el establecimiento de su paz y su justicia en toda la tierra.

Ciertamente, este es el significado obvio del pasaje, y así lo entendieron los judíos de la época de Jesús. En los años de los macabeos y sus sucesores (163-64 a. C.), los judíos lograron la independencia de sus amos sirios (los seléucidas) y se convirtieron una vez más en una poderosa nación independiente con reyes que los gobernaban. Sin embargo, en el 63 a. C., Roma extendió su mano de hierro hacia Palestina en la persona de Pompeyo, capturó Jerusalén, mató a muchos judíos y envió a muchos otros como prisioneros de guerra a Roma. En ese momento, un escritor judío desconocido escribió estas palabras:

> *Míralo, Señor, y suscítales un rey, un hijo de David, en el momento*
> *que tú elijas, oh Dios, para que reine en Israel tu siervo.*
> *Rodéale de fuerza, para quebrantar a los príncipes injustos,*
> *para purificar a Jerusalén de los gentiles que la pisotean,*
> *destruyéndola,*
> *para expulsar con tu justa sabiduría a los pecadores de tu heredad,*
> *para quebrar el orgullo del pecador como vaso de alfarero,*
> *para machacar con vara de hierro todo su ser, para aniquilar a las*
> *naciones impías con la palabra de su boca,*
> *para que ante su amenaza huyan los gentiles de su presencia y para*
> *dejar convictos a los pecadores con el testimonio de sus corazones.*
> *... no existe injusticia durante su reinado sobre ellos, porque todos son*
> *santos y su Rey es el ungido del Señor.*
> (Sal de Salomón 17:21-25, 32)

El poeta expresa la expectativa predominante del ungido del Señor, el Cristo del Señor en los tiempos del Nuevo Testamento. Su papel principal es liberar a Israel, el pueblo de Dios, del odiado yugo de las naciones paganas.

Esto nos permite comprender la perplejidad de Juan el Bautista cuando fue encarcelado por Herodes Antipas, quien gobernaba Galilea en nombre de Roma. «Y al oír Juan, en la cárcel, los hechos de Cristo [el Mesías], le envió dos de sus discípulos, para preguntarle: ¿Eres tú aquel que había de venir, o esperaremos a otro?» (Mt 11:2-3). Las obras del Mesías, ¿cuáles eran? Enseñar, sanar a los enfermos, limpiar a los leprosos, discrepar de los líderes religiosos de su época; pero esto no era lo que debía hacer el Mesías. Él debía desafiar a las naciones hostiles; él debía matar a los impíos. ¿Cómo podía ser el Mesías cuando Herodes Antipas vivía abiertamente en adulterio con la esposa de su hermano? Juan lo había desafiado y, como consecuencia, lo enviaron a prisión y finalmente lo mataron. Jesús no lo desafió. No desafió el gobierno romano encarnado en Judea en el gobernador Poncio Pilato. Entonces, ¿cómo podía Jesús ser el Mesías? Él hacía muchas buenas obras, pero ninguna de las obras que se esperaban del Mesías davídico. Juan no perdió el valor; no cuestionó el llamado de Dios a proclamar al que vendría. ¿No había anunciado el mismo Juan: «… quemará la paja en fuego que nunca se apagará» (Mt 3:12)? Juan solo cuestionó cómo Jesús podía ser el Mesías, porque sus obras no eran las del Rey esperado. De hecho, Jesús encarnaba una nueva revelación del propósito de Dios. Ciertamente, él era el Mesías, el Rey davídico, pero su misión era espiritual: liberar a los hombres de la esclavitud del pecado, y no una misión política: liberar a Israel de Roma.

En la cristología de Daniel 7, se pinta un cuadro mesiánico muy diferente. En una visión, Daniel ve cuatro bestias que surgen del mar, las cuales representan cuatro imperios mundiales sucesivos. Luego

> Jesús encarnaba una nueva revelación del propósito de Dios. Ciertamente, él era el Mesías, el Rey davídico, pero su misión era espiritual: liberar a los hombres de la esclavitud del pecado.

Daniel ve en su visión el trono celestial y a Dios sentado en él, y luego a los imperios mundiales destruidos. «Miraba yo en la visión de la noche, y he aquí con las nubes del cielo venía uno como un hijo de hombre, que vino hasta el Anciano de días, y le hicieron acercarse delante de él. Y le fue dado dominio, gloria y reino, para que todos los pueblos, naciones y lenguas le sirvieran; su dominio es dominio eterno, que nunca pasará, y su reino uno que no será destruido» (Dn 7:13-14).

No es importante para nuestra discusión si esta figura «como un hijo de hombre» es un individuo o, como las cuatro bestias, un símbolo que representa al pueblo de Dios. Sea lo que sea, sabemos por fuentes contemporáneas que ciertos círculos del judaísmo interpretaron esta figura en términos individualistas. El Hijo del Hombre se convierte en una figura celestial, preexistente y sobrenatural que ha sido preservada en la presencia de Dios. En el tiempo de Dios, vendrá a la tierra para resucitar a los muertos, juzgar a los malvados, redimir al pueblo de Dios y reunirlos en un reino glorioso y eterno.

Lo primero que se debe enfatizar es que este es un concepto muy diferente al del Mesías davídico. Sin duda alguna, dos veces en nuestras fuentes se llama al Hijo del Hombre el Mesías, pero esto representaba una tendencia obvia en el judaísmo de confundir diversos conceptos mesiánicos. El Mesías es un hijo de David; el Hijo del Hombre es un ser sobrenatural. El Mesías surge como un hombre entre los hombres; el Hijo del Hombre viene del cielo. El Mesías gobierna en un reino terrenal de paz y justicia; el Hijo del Hombre resucita a los muertos y gobierna en un reino glorioso en una tierra transformada. Estas dos figuras son distintas en su totalidad y, al menos en apariencia, mutuamente excluyentes.

En este contexto, podemos entender la confusión de los discípulos cuando Jesús comenzó a utilizar el término «el Hijo del Hombre» para designar su propia misión y ministerio. Cuando Jesús le perdonó los pecados a un paralítico, los judíos pensaron que era culpable de blasfemia. «… ¿quién puede perdonar pecados, sino solo Dios?» (Mr 2:7, NBLA). En respuesta, Jesús dijo: «"Pues para que sepan que el Hijo del Hombre tiene autoridad en la tierra para perdonar pecados", dijo al paralítico: "A ti te digo: levántate, toma tu camilla y vete a tu casa"» (Mr 2:10-11, NBLA). Una vez más, cuando él y sus discípulos fueron criticados por recoger espigas en el día de reposo, dijo: «… El día de reposo fue hecho por causa del hombre, y no el hombre por causa del día de reposo. Por tanto, el Hijo del Hombre es Señor aun del día de reposo» (Mr 2:27-28).

Ese lenguaje era totalmente confuso. ¿Cómo podía Jesús ser el Hijo del Hombre? El Hijo del Hombre era un ser celestial preexistente que reinaría en un reino glorioso. Todos sabían quién era Jesús: el hijo de un carpintero de Nazaret. ¿Qué tenía en común con el Hijo del Hombre?

Luego, Jesús pronunció una serie de dichos que se parecían más a la profecía de Daniel. «Porque el que se avergonzare de mí y de mis palabras en esta generación adúltera y pecadora, el Hijo del Hombre se avergonzará también de él, cuando venga en la gloria de su Padre con los santos ángeles»

> ¿Cómo podía Jesús ser el Hijo del Hombre? El Hijo del Hombre era un ser celestial preexistente que reinaría en un reino glorioso.

(Mr 8:38). «Entonces verán al Hijo del Hombre, que vendrá en las nubes con gran poder y gloria. Y entonces enviará sus ángeles, y juntará a sus escogidos de los cuatro vientos, desde el extremo de la tierra hasta el extremo del cielo» (Mr 13:26-27).

Este lenguaje tenía sentido para los discípulos. Una figura celestial, que venía en las nubes con poder y gran gloria para reunir al pueblo de Dios en el reino de Dios, esto lo entendían; pero ¿qué tenía que ver esa figura celestial con Jesús? El Hijo del Hombre era una figura preexistente en la presencia de Dios. Jesús era el hijo del carpintero de Nazaret. ¿Qué tenía en común con el Hijo del Hombre? ¿Y qué podría tener en común cualquiera de los dos con el Rey davídico?

Y esto no es todo. Hay un tercer personaje en el Antiguo Testamento que tiene dimensiones mesiánicas: el Siervo Sufriente representado en Isaías 53. Era humilde y pasivo. «Angustiado él, y afligido, no abrió su boca; como cordero fue llevado al matadero; y como oveja delante de sus trasquiladores, enmudeció, y no abrió su boca» (v. 7). Fue oprimido y estropeado por el sufrimiento. «… no hay parecer en él, ni hermosura; le veremos, mas sin atractivo para que le deseemos. Despreciado y desechado entre los hombres, varón de dolores, experimentado en quebranto…» (vv. 2-3). Él iba a encontrar una muerte prematura. «… Porque fue cortado de la tierra de los vivientes, y por la rebelión de mi pueblo fue herido. Y se dispuso con los impíos su sepultura…» (vv. 8-9). Sin embargo, él sufrió por los pecados de su pueblo, aunque no merecía ese sufrimiento. «Mas él herido fue por nuestras rebeliones, molido por nuestros pecados; el castigo de nuestra paz fue sobre él, y por su llaga fuimos nosotros curados» (v. 5). «… mas Jehová cargó en él el pecado de todos nosotros» (v. 6). «… por la rebelión de mi pueblo fue herido» (v. 8). «… Cuando haya puesto su vida en expiación por el pecado…» (v. 10), «… por su conocimiento justificará mi siervo justo a muchos, y llevará las iniquidades de ellos» (v. 11),

«… habiendo él llevado el pecado de muchos, y orado por los transgresores» (v. 12).

Lo primero que debe notarse sobre este gran capítulo es que el que sufre no se identifica con el Mesías. No se lo llama Ungido; no hay ninguna referencia al árbol genealógico de David. De hecho, en el preludio al capítulo (52:13), simplemente se lo llama siervo de Dios. «He aquí que mi siervo será prosperado, será engrandecido y exaltado, y será puesto muy en alto. En el contexto en el que se encuentra este capítulo, el siervo a menudo se identifica como Israel. «… Mi siervo eres, oh Israel, porque en ti me gloriaré» (Is 49:3). «… Redimió Jehová a Jacob su siervo» (Is 48:20). «Por amor de mi siervo Jacob, y de Israel mi escogido, te llamé por tu nombre…» (Is 45:4). Una vez más, el siervo es uno que redime al Israel infiel. «Ahora pues, dice Jehová, el que me formó desde el vientre para ser su siervo, para hacer volver a él a Jacob y para congregarle a Israel…» (Is 49:5; ver también 49:6). Parece que el concepto de siervo fluctúa entre el concepto colectivo, Israel, y el individuo que redime a Israel.

Sin embargo, el hecho es que el Siervo Sufriente de Isaías 53 parece claramente ser alguien más que el Rey mesiánico davídico y el Hijo del Hombre celestial. ¿Cómo puede el Mesías ser al mismo tiempo uno que hiere la tierra con la vara de su boca y mata al impío con el espíritu de sus labios, y también ser herido y sufrir la muerte de forma pasiva e indefensa? Solo la misión de Jesús fusionó las tres ideas mesiánicas del Antiguo Testamento.

No es de extrañar que a los discípulos les costara comprender el

> ¿Cómo puede el Mesías ser al mismo tiempo uno que hiere la tierra con la vara de su boca y mata al impío con el espíritu de sus labios, y también ser herido y sufrir la muerte de forma pasiva e indefensa?

mesianismo de Jesús. Este es el significado de la confesión de Pedro en Cesarea de Filipo cuando él, como portavoz de todos los discípulos, reconoció el mesianismo de Jesús. Pedro quiere decir que, a pesar de que Jesús no actuaba como un Rey davídico conquistador, él era, sin embargo, el Mesías en quien se cumplía la esperanza del Antiguo Testamento. Después del milagro de la alimentación de los cinco mil con algunos panes y peces, surgió un movimiento popular para tomar a Jesús por la fuerza y hacerlo rey (Jn 6:15). En verdad, aquí había un hombre con el poder de Dios. Dele algunas espadas y lanzas, y él podría multiplicarlas y equipar un ejército. Las tropas de Pilato no podrían hacerle frente. Sin embargo, esta no era la misión actual de Jesús. *Como el Hijo del Hombre, había venido para ser el Siervo Sufriente, y solo después de esta misión de sufrimiento sería el Hijo del Hombre celestial.* Jesús comenzó a instruir a sus discípulos en este hecho inmediatamente después de Cesarea de Filipo. Ciertamente, él era el Mesías, el Rey davídico, pero no era su misión actual gobernar desde el trono de David. La Palabra menciona que «… enseñaba a sus discípulos, y les decía: El Hijo del Hombre será entregado en manos de hombres, y le matarán; pero después de muerto, resucitará al tercer día» (Mr 9:31). «Porque el Hijo del Hombre no vino para ser servido, sino para servir, y para dar su vida en rescate por muchos» (Mr 10:45). Aquí había un mensaje para el cual los discípulos no estaban preparados. No hay evidencia de que los judíos en los días de Jesús interpretaran Isaías 53 de manera mesiánica. De hecho, los dos conceptos parecen mutuamente excluyentes. ¿Cómo podría el Hijo del Hombre celestial y sobrenatural, destinado a gobernar en el reino glorioso de Dios, ser un hombre humilde y sumiso, burlado y torturado y, finalmente, asesinado por sus enemigos? Parecía imposible.

Precisamente aquí está nuestra hermenéutica básica. Jesús, y los apóstoles después de él, reinterpretaron las profecías del Antiguo Testamento a la luz de la persona y la misión de Jesús. *El Hijo del*

Hombre debe aparecer en la tierra antes de que venga en gloria, y su misión terrenal fue desempeñar el papel de Siervo Sufriente.

Esta reinterpretación no se limita a las enseñanzas de Jesús; fue promovida por los apóstoles de una manera igualmente inesperada. Después de la muerte de Jesús, los discípulos experimentaron su resurrección y ascensión, y luego Pentecostés. El día de Pentecostés, Pedro predicó un sermón asombroso en el que reinterpretó pasajes de Salmos 16:8-11 y Salmos 132:11 que, en el contexto del Antiguo Testamento, hablan de la esperanza de David de que la muerte no fuera el fin de la existencia.

> «Pero siendo profeta, y sabiendo que con juramento Dios le había jurado que de su descendencia, en cuanto a la carne, levantaría al Cristo para que se sentase en su trono, viéndolo antes, habló de la resurrección de Cristo [...]. Así que, exaltado por la diestra de Dios, y habiendo recibido del Padre la promesa del Espíritu Santo, ha derramado esto que vosotros veis y oís. Porque David no subió a los cielos; pero él mismo dice: Dijo el Señor a mi Señor: Siéntate a mi diestra, hasta que ponga a tus enemigos por estrado de tus pies. Sepa, pues, ciertísimamente toda la casa de Israel, que a este Jesús a quien vosotros crucificasteis, Dios le ha hecho Señor y Cristo». (Hch 2:30-36)

He aquí una reinterpretación asombrosa de la profecía del Antiguo Testamento. La promesa en Salmos 110:1-2: «Jehová dijo a mi Señor: Siéntate a mi diestra, hasta que ponga a tus enemigos por estrado de tus pies» se refiere al trono del rey en Jerusalén, como lo prueba el versículo siguiente: «Jehová enviará desde Sion la vara de tu poder; domina en medio de tus enemigos» (Sal 110:2). Pedro, bajo inspiración, transfiere el trono de David desde su sitio terrenal en Jerusalén al cielo mismo. Este versículo se convirtió en el favorito del autor de Hebreos para afirmar la sesión triunfal de Jesús a la diestra de Dios en el cielo (He 1:13; 10:12, 13). La afirmación sumaria de Pedro: «... Dios le ha hecho Señor y Cristo» (Hch 2:36) declara la misma verdad. «Señor» significa soberano absoluto. «Cristo» significa Mesías o Rey davídico. A través de su resurrección y ascensión, Jesús ha entrado en su reino mesiánico. «Porque preciso es que él reine [como Rey] hasta que haya puesto a todos sus enemigos debajo de sus pies» (1 Co 15:25). «Al que venciere, le daré que se siente conmigo en mi trono, así como yo he vencido, y me he sentado con mi Padre en su trono» (Ap 3:21). Apocalipsis 17:14 prueba que «Señor» y «Rey» son términos básicamente intercambiables. Allí se dice del Cordero vencedor que «es Señor de señores y Rey de reyes». A través de su resurrección y ascensión, Jesús ha entrado en una nueva experiencia de su mesianismo. En la tierra, él había sido el Siervo Sufriente, manso y humilde. Ahora está entronizado a la diestra de Dios. Ahora que sus sufrimientos mesiánicos han pasado, ha entrado en su reinado mesiánico y continuará ese reinado hasta que todos los enemigos hayan sido sometidos (1 Co 15:25). El carácter de este reinado mesiánico no estaba previsto en el Antiguo Testamento. Allí su reinado es desde Jerusalén, sobre Israel. «En verdad juró Jehová a David, y no se retractará de ello: De tu descendencia pondré sobre tu trono» (Sal 132:11). En el Nuevo Testamento, su reinado es del cielo, y su alcance es universal.

Confiamos en que esta incursión en la cristología haya demostrado el punto que deseamos hacer, es decir, que las profecías del Antiguo Testamento deben ser interpretadas a la luz de su cumplimiento en la persona y la misión de Jesús. Hemos visto que esto implica una reinterpretación. A veces, el cumplimiento es diferente de lo que esperaríamos teniendo en cuenta el Antiguo Testamento.

En otras palabras, la última palabra de la doctrina, ya sea en la cristología o la escatología, debe encontrarse en el Nuevo Testamento.

— 2 —

¿QUÉ SUCEDE CON ISRAEL?

En el primer capítulo establecimos el principio de la hermenéutica bíblica: el Antiguo Testamento debe interpretarse a la luz de la nueva revelación dada en Jesucristo. ¿Qué enseña entonces el Nuevo Testamento sobre Israel? Si el Antiguo Testamento ve la salvación futura de Israel, ¿el Nuevo Testamento reinterpreta estas profecías de forma tan radical que deban cumplirse espiritualmente en la iglesia? ¿Es la iglesia el Israel nuevo y verdadero o Dios tiene todavía un futuro para su pueblo Israel?

Somos dichosos de tener en la Escritura inspirada un debate largo sobre este tema en Romanos 9:11. Pablo expresa en primer lugar su preocupación sincera y su amor por sus parientes según la carne. Él dice: «... tengo gran tristeza y continuo dolor en mi corazón» (Ro 9:2) por Israel porque han rechazado a Jesús como su Mesías.

Su primer punto es que «Israel», es decir, el verdadero Israel espiritual, el pueblo de Dios, no es idéntico a la descendencia física

No todos los judíos de la época de Pablo pueden llamarse a sí mismos «Israel», el pueblo de Dios, sino solo aquellos que imitan la fe de Abraham y, así, demuestran ser hijos de la promesa.

de Abraham: «... no todos los que descienden de Israel [semilla natural] son israelitas [semilla espiritual], ni por ser descendientes de Abraham, son todos hijos...» (Ro 9:6-7). Pablo trae a la memoria la historia del Antiguo Testamento para demostrarlo. Abraham tuvo dos hijos: Isaac e Ismael. Sin embargo, aunque la familia de Ismael y sus descendientes son la semilla natural de Abraham, no están incluidos en la semilla espiritual; sino que «... En Isaac te será llamada descendencia» (Ro 9:7). «Esto es: No los que son hijos según la carne son los hijos de Dios, sino que los que son hijos según la promesa son contados como descendientes» (Ro 9:8). Dios eligió a Isaac, pero rechazó a Ismael. Por lo tanto, los verdaderos descendientes de Abraham, el Israel verdadero, deben estar determinados no por la descendencia física natural, sino por la elección divina y por la promesa de Dios.

La inferencia es clara. No todos los judíos de la época de Pablo pueden llamarse a sí mismos «Israel», el pueblo de Dios, sino solo aquellos que imitan la fe de Abraham y, así, demuestran ser hijos de la promesa.

Este principio ya ha sido expuesto antes en la epístola a los romanos. En Romanos 2:28-29, Pablo escribe: «Pues no es judío el que lo es exteriormente, ni es la circuncisión la que se hace exteriormente en la carne; sino que es judío el que lo es en lo interior, y la circuncisión es la del corazón, en espíritu, no en letra...».

Este principio de la circuncisión espiritual en comparación con la física no se origina con Pablo. Él repite un tema que ya se encontraba en el Antiguo Testamento:

«Circuncídense para el Señor, y quiten los prepucios de sus corazones, hombres de Judá y habitantes de Jerusalén, no sea que Mi furor salga como fuego y arda y no haya quien *lo* apague, a causa de la maldad de sus obras» (Jr 4:4, NBLA). La obediencia externa a la ley de Moisés no hace que una persona sea parte de los hijos verdaderos de Abraham ni le asegura el favor de Dios; debe haber un corazón y una vida acordes. De otro modo, se enfrentará a la ira de Dios.

Este principio se aplica en dos versículos del Apocalipsis de Juan. Juan habla de «… la blasfemia de los que se dicen ser judíos, y no lo son, sino sinagoga de Satanás» (Ap 2:9; cp. también 3:9). Aquí hay personas que (con razón) dicen ser judías. Aunque son judíos en cuanto a religión y a lo físico, Juan afirma que no son judíos en lo espiritual, sino que son, de hecho, una sinagoga de Satanás, porque rechazan a Jesús como su Mesías y persiguen a sus discípulos.

Luego, con un lenguaje fuerte, Pablo responde a la objeción de que, si esto es cierto, refleja una acción arbitraria de parte de Dios. Dios es Dios, el creador de los hombres y, como tal, tiene derecho a hacer lo que quiera con sus criaturas. «Mas antes, oh hombre, ¿quién eres tú, para que alterques con Dios? ¿Dirá el vaso de barro al que lo formó: ¿Por qué me has hecho así? ¿O no tiene potestad el alfarero sobre el barro, para hacer de la misma masa un vaso para honra y otro para deshonra?» (Ro 9:20-21). Este versículo se suele interpretar en términos de la elección y el rechazo de Dios a la salvación del individuo. Sin embargo, cualquiera sea la aplicación al individuo, el pensamiento de Pablo se refiere, ante todo, a la historia redentora y a la elección de Dios de Jacob para que fuera el heredero de las promesas realizadas a Abraham. Dios ha soportado con mucha paciencia la rebelión y la apostasía del Israel literal «… para hacer notorias las riquezas de su gloria, las mostró para con los vasos de misericordia que él preparó de antemano para gloria» (Ro 9:23). Es decir, Dios ha sido paciente con la incredulidad del Israel literal para mostrar, a través de ella, su misericordia al Israel verdadero. Más adelante en la sección, Pablo retoma esta idea: «Digo, pues: ¿Han tropezado los de Israel para que cayesen [definitiva e irremediablemente]? En ninguna manera; pero por su transgresión vino la salvación a los gentiles, para provocarles a celos» (Ro 11:11). Dios tiene un propósito con el tropiezo e incredulidad de Israel. No es que Dios haya perdido la paciencia y que la caída de Israel haya ocurrido porque sí. Más bien, Dios utilizó la caída de Israel para traer salvación a los gentiles.

Pablo completa esto en el pasaje anterior: «... los vasos de misericordia que él preparó de antemano para gloria», no son solo los judíos, sino también los gentiles (Ro 9:24). Estos «vasos de misericordia» que Dios ha escogido para ocupar el lugar de los vasos de ira (judíos incrédulos que están bajo el juicio de Dios) son una comunidad mixta que consta tanto de judíos como de gentiles. Luego Pablo hace algo sorprendente: cita dos pasajes de Oseas que, en el contexto del Antiguo Testamento, se refieren a Israel y los aplica a la iglesia cristiana que está compuesta, en gran medida, por gentiles. Lo hace para demostrar que el Antiguo Testamento predice la iglesia gentil. «Como también en Oseas dice: Llamaré pueblo mío al que no era mi pueblo, y a la no amada, amada» (Ro 9:25).

El Señor le había ordenado a Oseas que tomara una esposa que era una ramera para simbolizar la prostitución espiritual de Israel. Su segundo hijo fue una niña: «...Ponle por nombre: "Indigna de compasión", porque no volveré a compadecerme del reino de Israel, sino que le negaré el perdón» (Os 1:6, NVI).

Sin embargo, este rechazo a Israel no es definitivo ni irremediable. De hecho, Oseas afirma la futura salvación de Israel en el reino de Dios. Él ve un día en el que la violencia será eliminada del reino animal. Dios hará un pacto con las bestias del campo, con las aves y con los reptiles. Abolirá los instrumentos de violencia y de guerra, el arco y la espada, incluso la guerra misma. Israel habitará con seguridad en la tierra; se acostará con seguridad. «Yo te haré mi esposa para siempre, y te daré como dote el derecho y la justicia, el amor y la compasión» (Os 2:19, NVI). Luego, Oseas declara: «... me compadeceré de la "Indigna de compasión", a "Pueblo ajeno" lo llamaré: "Pueblo mío"; y él me dirá: "Mi Dios"» (Os 2:23, NVI).

Aquí tenemos el mismo fenómeno en el ámbito de la escatología que encontramos en la cristología: los conceptos del Antiguo Testamento se reinterpretan de forma radical y se les da una aplicación inesperada. Lo que en el Antiguo Testamento se aplica al Israel literal, en Romanos 9:25 se aplica a la iglesia, que no solo está formada por judíos, sino también por gentiles (Ro 9:24). De hecho, la estructura predominante de la iglesia del Nuevo Testamento es gentil.

> Lo que en el Antiguo Testamento se aplica al Israel literal, en Romanos 9:25 se aplica a la iglesia, que no solo está formada por judíos, sino también por gentiles.

Pablo vuelve a citar a Oseas: «Y sucederá que en el mismo lugar donde se les dijo: "Ustedes no son mi pueblo", serán llamados "hijos del Dios viviente"» (Ro 9:26, NVI). Oseas tuvo un tercer hijo, un varón. «Entonces el Señor le dijo a Oseas: «Ponle por nombre: "Pueblo ajeno", porque ni ustedes son mi pueblo, ni yo soy su Dios» (Os 1:9, NVI).

En este caso, Oseas anuncia de inmediato la futura salvación de Israel. «Con todo, los israelitas serán tan numerosos como la arena del mar, que no se puede medir ni contar. Y en el mismo lugar donde se les llamó: "Pueblo ajeno", se les llamará: "Hijos del Dios viviente"» (Os 1:10, NVI).

Aquí, en dos lugares distintos, las profecías que, en su contexto del Antiguo Testamento, se refieren al Israel literal se aplican en el Nuevo Testamento a la iglesia (gentil). En otras palabras, Pablo ve el cumplimiento espiritual de Oseas 1:10 y 2:23 en la iglesia. De ello se desprende lo ineludible: que la salvación de la iglesia gentil es el cumplimiento de las profecías hechas a Israel. Hechos como este son los que obligan a algunos estudiantes de la Biblia, incluido este escritor, a hablar de la iglesia como el nuevo Israel, el Israel verdadero, el Israel espiritual.

Esta conclusión se apoya en los pasajes donde Pablo habla de los creyentes cristianos como hijos (espirituales) de Abraham. «Y recibió la circuncisión como señal, como sello de la justicia de la fe que tuvo estando aún incircunciso; para que fuese padre [Abraham] de todos los creyentes no circuncidados, a fin de que también a ellos la fe les sea contada por justicia; y padre de la circuncisión, para los que no solo son de la circuncisión, sino que también siguen las pisadas de la fe que tuvo nuestro padre Abraham antes de ser circuncidado» (Ro 4:11-12). Aquí se considera a Abraham padre de los creyentes judíos y de los creyentes gentiles. La conclusión es inevitable: los creyentes, ya sean judíos o griegos, son los verdaderos hijos de Abraham, el verdadero Israel espiritual. Una vez más, se nos recuerda Romanos 2:28-29; los verdaderos judíos son los que se han circuncidado en su interior.

De nuevo, en Romanos 4:16, Pablo reitera: «... Abraham, [...] es padre de todos nosotros». Al escribir a los Gálatas, Pablo ya había anunciado esta verdad: «Por tanto, sepan que los que son de fe, estos son hijos de Abraham» (Gá 3:7, NBLA).

Para los dispensacionalistas, una hermenéutica «espiritual» es la forma más peligrosa de interpretar el Antiguo Testamento. El profesor, John Walvoord, ha escrito que esta es la hermenéutica que caracteriza a los escritores católicos romanos modernos, a los liberales modernos y a los conservadores modernos no dispensacionalistas.[1] El presente escritor siente que debe adoptar una hermenéutica espiritual porque *se encuentra con que el Nuevo Testamento aplica promesas* a *la iglesia espiritual que en el Antiguo Testamento se refieren al Israel literal.* No lo hace por una teología del pacto preconcebida, sino porque está obligado por la Palabra de Dios.

Si entonces la iglesia es el verdadero Israel espiritual, «… ¿Ha desechado Dios a su pueblo [el Israel literal]?» (Ro 11:1). Pablo pasa a responder esta pregunta con cierto detalle. En Romanos 11:15, insinúa su futura salvación: «Porque si su exclusión [del Israel literal] es la reconciliación del mundo [salvación de los gentiles], ¿qué será su admisión, sino vida de entre los muertos?».

Pablo ilustra esto con la famosa metáfora del árbol de olivo. El árbol de olivo es el pueblo de Dios, visto en su totalidad. Las ramas naturales (los judíos) han sido desgajadas de su árbol natural, y las ramas de olivo silvestre (los gentiles) han sido injertadas en el olivo cultivado. No obstante, ¿quién ha oído hablar de injertar ramas silvestres en un árbol cultivado? Pablo es consciente de este problema dado que sostiene que es «… contra naturaleza…» (Ro 11:24). Pablo advierte a los gentiles que han ocupado el lugar de Israel, que no se jacten de Israel, porque Dios puede volver a cortarlos. Del mismo modo, «… aun ellos [los judíos], si no permanecieren en incredulidad, serán injertados, pues poderoso es Dios para volverlos a injertar. Porque si tú fuiste cortado del que por naturaleza es olivo silvestre, y contra naturaleza fuiste injertado en el buen olivo, ¿cuánto más éstos, que son las ramas naturales, serán injertados en su propio olivo?» (Ro 11:23-24).

Luego, Pablo resume toda la situación con una afirmación magnífica: «Porque no quiero, hermanos, que ignoréis este misterio, para que no seáis arrogantes en cuanto a vosotros mismos: que ha acontecido a

---

1. John Walvoord, *The Millennial Kingdom* [El reino milenario] (Grand Rapids: Zondervan, 1994), p. 71.

Israel endurecimiento en parte, hasta que haya entrado la plenitud de los gentiles; y luego todo Israel será salvo, como está escrito:

> Vendrá de Sion el Libertador,
> Que apartará de Jacob la impiedad.
> Y este será mi pacto con ellos,
> Cuando yo quite sus pecados» (Ro 11:25-27).

> *Israel tropezó con la roca que hace caer, Cristo, pero no para caer para siempre.*

Este es el orden divino en la historia redentora: ramas naturales en el olivo cultivado; ramas naturales desgajadas a causa de su incredulidad; ramas silvestres injertadas, contrario a la naturaleza; ramas naturales aún por reinjertarse en el olivo. Israel tropezó con la roca que hace caer, Cristo, pero no para caer para siempre (Ro 11:11). Cuando Pablo dice: «Todo Israel será salvo», es evidente que no puede referirse a todos los judíos que hayan existido. Está hablando de la historia redentora. Sin embargo, llegará el día en que «todo Israel», es decir, la gran mayoría de los judíos vivos, será salvo.

Podríamos desear que Pablo hubiera escrito más sobre la manera en que Israel será salvo. Las palabras: «Vendrá de Sion el Libertador», es muy probable que hagan referencia a la segunda venida de Cristo. Uno de los propósitos de su regreso será redimir a Israel, así como tomar la iglesia para sí.

Sin embargo, hay dos cosas claras. *Israel debe ser salvo de la misma manera que la iglesia,* al volverse con fe a Jesús como su Mesías (Ro 11:23), y las bendiciones que Israel experimentará son bendiciones *en Cristo,* las mismas bendiciones que la iglesia ha experimentado.

¿Qué hay entonces de las promesas detalladas en el Antiguo Testamento de un templo restaurado? El Libro de Hebreos responde de forma clara a esta pregunta cuando dice que la ley era «… la sombra de los bienes venideros, no la imagen misma de las cosas...» (He 10:1). La ley con su templo y su sistema de sacrificios era solo una sombra de las bendiciones, la realidad, que vino a nosotros en Cristo. La sombra ha cumplido su propósito. Cristo ha entrado al tabernáculo verdadero en el cielo, donde preside como nuestro gran sumo sacerdote. Es inconcebible que el plan redentor de Dios vuelva a la era de las sombras.

De hecho, Hebreos lo afirma rotundamente. Aquí leemos: «Pero ahora tanto mejor ministerio es el suyo, cuanto es mediador de un mejor pacto, establecido sobre mejores promesas. Porque si aquel primero hubiera sido sin defecto, ciertamente no se hubiera procurado lugar para el segundo» (He 8:6-7). El punto para destacar es que Hebreos contrasta el nuevo pacto hecho en Cristo con el pacto mosaico. Si el pacto mosaico hubiera sido adecuado, no habría habido necesidad de un segundo pacto.

Hebreos lo demuestra con una larga cita de Jeremías 31:31-34.

> He aquí que vienen días, dice Jehová,
> en los cuales haré nuevo pacto con la casa
> de Israel y con la casa de Judá. [...]
> Pero este es el pacto que haré con la casa de Israel
> después de aquellos días, dice Jehová:
> Daré mi ley en su mente, y la escribiré en su corazón;
> y yo seré a ellos por Dios, y ellos me serán por pueblo. [...]
> porque perdonaré la maldad de ellos, y no me acordaré más
> de su pecado.

Aquí tenemos de nuevo el fenómeno que ya hemos encontrado. Es muy difícil creer que hay dos nuevos pactos: el que hizo Cristo con la iglesia a través de su sangre derramada y un futuro nuevo pacto que se hará con Israel, que, según los dispensacionalistas, es en gran medida una renovación del pacto mosaico. Lo cierto es que ya hemos encontrado en Romanos 9–11 que Pablo enseña que el Israel literal todavía debe ser incluido en el nuevo pacto, pero es el mismo nuevo pacto hecho a través de la cruz con la iglesia. No es un pacto diferente. Hebreos 8 aplica una promesa hecha a través de Jeremías al nuevo pacto hecho por Cristo con su iglesia.

Esto queda doblemente claro en un segundo pasaje. Hebreos 10:11-17 habla del sacrificio de Cristo en la cruz por los pecados, su reunión posterior a la diestra de Dios, «de ahí en adelante esperando hasta que sus enemigos sean puestos por estrado de sus pies; porque con una sola ofrenda hizo perfectos para siempre a los santificados» (He 10:13-14). Sin duda, Hebreos está hablando del pacto que hizo Cristo con su iglesia. A continuación, Hebreos vuelve a citar a Jeremías 31.

> Este es el pacto que haré con ellos
>
> Después de aquellos días, dice el Señor:
>
> Pondré mis leyes en sus corazones,
>
> Y en sus mentes las escribiré, añade:
>
> Y nunca más me acordaré de sus pecados y transgresiones.
>
> Pues donde hay remisión de éstos, no hay más ofrenda por el
>
> > pecado. (He 10:16-18)

Es difícil ver cómo alguien puede negar que el nuevo pacto de Jeremías 31 es el nuevo pacto que hizo Cristo con su iglesia.

El pasaje que acabamos de citar de Hebreos dice que cuando hay remisión, ya no hay ofrenda por el pecado. El perdón forjado por Cristo deja sin efecto y obsoleto el sistema mosaico. Hebreos afirma la misma verdad en 8:13: «Al decir: Nuevo pacto, ha dado por viejo al primero; y lo que se da por viejo y se envejece, está próximo a desaparecer». Sin importar si estas palabras se refieren o no a la destrucción histórica de Jerusalén hecha por los romanos en el año 70 a. C., al menos afirman la disolución del antiguo orden mosaico porque ha llegado el orden nuevo de la realidad redentora.

También aquí tenemos una reinterpretación radical de los profetas del Antiguo Testamento que habla de la impermanencia del pacto mosaico con su templo y su sistema de sacrificios. El argumento de Hebreos es que estas son figuras y sombras que señalan la realidad espiritual que ha venido en Cristo. Una vez que las figuras y las sombras han cumplido su propósito, se descartan en los programas redentores de Dios.

¿Qué tiene esto que ver con la presente pregunta israelí? Tres cosas: En primer lugar, Dios ha preservado a su pueblo. Israel sigue siendo un pueblo «santo» (Ro 11:16), apartado y destinado a llevar a cabo el propósito divino. En segundo lugar, todo Israel debe aún ser salvo. Un erudito moderno ha sugerido que, en el milenio, la historia puede ser testigo por primera vez de una nación cristiana de verdad. En tercer lugar, la salvación de Israel debe ocurrir mediante el nuevo pacto hecho en la sangre de Cristo ya establecido con la iglesia, no mediante un templo judío reconstruido ni con el regreso del sistema mosaico de sacrificios. Hebreos afirma rotundamente que todo el sistema mosaico es obsoleto y está a punto de desaparecer. Por lo tanto, la popular posición dispensacionalista de que Israel es el «reloj profético» está equivocada. Es posible que el retorno moderno de Israel a Palestina sea una parte del propósito de Dios para Israel, pero el Nuevo Testamento no arroja ninguna luz sobre este problema. Sin embargo, la preservación de Israel como pueblo a través de los siglos es una señal de que Dios no ha desechado a su pueblo Israel.

EL ESTADO INTERMEDIO

Hay una tierra más allá del río
a la que llaman siempre dulce,
y solo llegamos a esa orilla por decreto de fe;
uno a uno llegaremos a los portales,
allí para morar con los inmortales,
cuando suenen esas campanas de oro para ti y para mí.

Esta antigua canción evangélica expresa la idea que muchos cristianos tienen sobre la vida después de la muerte. Cuando morimos, «vamos al cielo». La idea popular es que el cielo es un estado de bienaventuranza, «siempre dulce», por cuyos portales pasa el hombre de fe cuando muere y cruza el río de la muerte. Allí, en un estado de bienaventuranza incorpórea, «morará con los inmortales».

Ese pensamiento tan popular es más una expresión del pensamiento griego que de la teología bíblica. Los griegos, al menos muchos de ellos que siguieron la tradición filosófica de Platón, creían en un dualismo cósmico. Había dos mundos: el visible y el invisible, lo que se ve y lo que no se ve, el fenoménico y el nouménico. El mundo visible era un reino de fluctuaciones, de flujo y cambio, de inestabilidad, que solo tenía la apariencia de realidad. El mundo invisible era el mundo de la permanencia, de la realidad última. De la misma manera, el hombre era un dualismo de cuerpo y alma. El cuerpo pertenece al mundo fenoménico; el alma, al mundo nouménico. El cuerpo no era malo en sí mismo como en el gnosticismo posterior, sino que era una carga y un obstáculo para el alma. *Soma sema*: el cuerpo era la tumba del alma. Un hombre sabio era aquel que aprendía a disciplinar y dominar las pasiones y los apetitos del cuerpo y cultivar el alma, cuya facultad más elevada era la mente. La «salvación», un concepto bíblico, no griego, significaba que, en la muerte, el alma se liberaría del cuerpo y emprendería su vuelo hacia el mundo nouménico.

La idea bíblica del mundo y ser humano es muy diferente. La creencia de que Dios es el Creador, que el mundo es el mundo de Dios y, por lo tanto, es bueno en sí mismo es fundamental para el pensamiento del Antiguo Testamento. «Y vio Dios que [la creación] era buen[a] (Gn 1:12, 18, 21, 25, 31). El mundo fue creado para la gloria de Dios (Sal 19:1); el objetivo y el destino principal de la creación es glorificar y alabar al Creador (Sal 98:7-9). Los hebreos no tenían el concepto de naturaleza; para ellos el mundo era el escenario de la constante actividad de Dios. El trueno era la voz de Dios (Sal 29:3-5); la pestilencia era la mano dura del Señor (1 S 5:6); el aliento humano es el aliento de Dios que él sopló en el rostro del hombre (Gn 2:7; Sal 104:29).

El Antiguo Testamento nunca ve la tierra como un lugar extraño ni como un teatro indiferente en el que el hombre vive su vida temporal mientras busca un destino celestial. Juntos, el hombre y el mundo pertenecen al orden de la creación; en el sentido real de la palabra, el mundo *participa* en el destino del hombre. No hay antítesis entre la vida física y la espiritual, entre la dimensión interior del hombre

y la exterior, entre el reino inferior y
el superior. La vida se considera en
su totalidad como el gozo pleno de
todas las dádivas de Dios. Algunos
teólogos cristianos considerarían esta
idea crasamente materialista; pero en
ella subyace una teología profunda.
La vida, que solo se puede disfrutar
desde la perspectiva de la obediencia
a Dios y el amor por él (Dt 30:1-3),
significa prosperidad física y pro-
ductividad (Dt 30:9); una larga vida

> Juntos, el hombre
> y el mundo
> pertenecen al orden
> de la creación;
> en el sentido real
> de la palabra, el
> mundo *participa*
> en el destino
> del hombre.

(Sal 34:12; 91:16); salud y bienestar corporal (Pr 4:22; 22:4); seguridad física (Dt 8:1); en resumen, el gozo de todas las dádivas de Dios
(Sal 103:1-5). Sin embargo, el gozo de estas cosas buenas por sí mismas no puede llamarse vida, porque la vida significa el gozo de las
dádivas de Dios *en comunión con* Dios. Solo Dios es la fuente de todas
las cosas buenas, incluida la vida misma (Sal 36:9). Los que abando-
nan al Señor serán avergonzados, porque han abandonado la fuente
de la vida (Jer 17:13). Si bien la salud y el bienestar corporal están
incluidos en todo lo que significa la vida, el hombre no vive solo de
pan (Dt 8:3), y el gozo de las dádivas de Dios lejos de la obediencia a
la Palabra de Dios no es vida.

Debemos comprender el concepto del hombre del Antiguo
Testamento para comprender su punto de vista del estado intermedio, y debemos comprender el concepto del mundo del Antiguo
Testamento para comprender su doctrina del ser humano. Así como
no hay rastro de pensamiento dualista sobre el mundo, la visión del
ser humano del Antiguo Testamento no es dualista. El ser humano
no es, como pensaban los griegos, un dualismo de cuerpo y alma, o
de cuerpo y espíritu. El «Espíritu» es el soplo de Dios, el poder de

Dios, que obra en el mundo (Is 40:7; 31:3). Es el aliento de Dios que crea y sostiene la vida (Sal 33:6; 104:29-30). El «espíritu» del hombre es el aliento del hombre que viene de Dios (Is 42:5; Job 33:4; 27:3; 32:8). Cuando Dios sopló en el hombre el aliento de vida, el hombre se convirtió en un ser viviente (literalmente, «alma», Gn 2:7). Los animales, al igual que el hombre, son sostenidos por el aliento de vida (Gn 7:15). Por lo tanto, el significado básico de «alma» *(néfesh)* en el Antiguo Testamento es el principio de vida que anima tanto a los seres humanos (Éx 21:23; Jue 5:18; Sal 33:19) como a los animales (Pr 12:10). El significado de «alma» *(néfesh)* se extiende luego para designar al ser humano como una persona (Gn 14:21; Éx 16:16; Nm 5:6; Ez 33:6 [«alguien», NVI]; Dt 24:7; Gn 46:18 [dieciséis «personas»], y también se extiende para designar el asiento de los apetitos y deseos, y el yo con sus emociones y pensamientos. Sin embargo, en ninguna parte el cuerpo o la carne y el alma o el espíritu representan dos partes del hombre: la inferior y la superior.

El concepto de la existencia después de la muerte del Antiguo Testamento está estrechamente relacionado con su visión del hombre. El alma o el espíritu no se escapa del mundo físico para huir al mundo de Dios, sino que el hombre desciende al Seol. Se cree que el Seol es un lugar debajo de la tierra (Sal 86:13; Pr 15:24; Ez 26:20), en las profundidades de la tierra (Sal 63:9; Ez 31:14; 32:18). Sin embargo, no se puede identificar el Seol con la tumba, porque los muertos no enterrados están en el Seol (Gn 37:35). Por lo tanto, se considera el Seol sinónimo de muerte, un estado más que un lugar. Es un estado de existencia alejado de las bendiciones de Dios (Ecl 9:10; Is 38:18; Sal 115:17; 88:12). La conciencia y la identidad no se destruyen. En Ezequiel 32:17-32, los egipcios están condenados a descender al mundo inferior, es decir, a ser asesinados en batalla, y los habitantes del Seol son representados como asirios, elamitas, edomitas, cada pueblo reunido según sus relaciones humanas. Isaías 14:9-10 describe a los muertos en el Seol levantándose para encontrarse con el rey de Babilonia; los que habían sido reyes de la tierra se levantan de sus tronos para dar la bienvenida a su antiguo compañero.

Lo que se ve en el Seol no es el alma o el espíritu del hombre, sino el *rafá*, traducido como «sombras» o «muertos». «Las sombras tiemblan en lo profundo, los mares y cuanto en ellos mora» (Job 26:5). Los muertos

> El concepto de la existencia después de la muerte del Antiguo Testamento está estrechamente relacionado con su visión del hombre.

no pueden levantarse y alabar a Dios (Sal 88:10). «El Seol abajo se espantó de ti; despertó muertos que en tu venida saliesen a recibirte, hizo levantar de sus sillas a todos los príncipes de la tierra, a todos los reyes de las naciones» (Is 14:9; ver también Pr 9:18).

Las sombras no deben identificarse con el alma o el espíritu del ser humano que ha partido. Parecen ser una especie de réplica pálida de la misma persona. Avalan la convicción de los hebreos, compartida con otros pueblos antiguos, de que la muerte no significa el fin de la existencia humana. Parece que Dios ha implantado en el corazón de los seres humanos en todas partes la idea de que, de alguna manera, la persona sobrevivirá a la muerte.

Sin embargo, el concepto hebreo de muerte también atestigua la convicción de que *la vida es la vida corporal*. Para las sombras del Seol, la comunión consciente con Dios se ha perdido; por lo tanto, descender al Seol no significa vida.

En solo unos pocos lugares, la revelación dada en el Antiguo Testamento trasciende la expectativa de existencia en el Seol. El salmista escribe: «Porque no dejarás mi alma en el Seol, ni permitirás que tu santo vea corrupción. Me mostrarás la senda de la vida; en tu presencia hay plenitud de gozo; delicias a tu diestra para siempre»

(Sal 16:10-11). Aquí el salmista está convencido de que para el hombre piadoso que ha vivido en la tierra en comunión consciente con Dios, el Seol no puede ser la última palabra. Él cree que Dios le mostrará la senda de la vida que pasará del inframundo a la presencia de Dios cuando los muertos experimenten una comunión continua con Dios.

Otro destello de la misma esperanza se encuentra en Salmos 49:15: «Pero Dios redimirá mi vida del poder del Seol, porque él me tomará consigo». El mismo pensamiento ocurre en Salmos 73:24: «Me has guiado según tu consejo, y después me recibirás en gloria».

Sin embargo, en el Antiguo Testamento la vida es la existencia del cuerpo. Por eso, la doctrina de la resurrección corporal es esencial para la vida.

Cuando vamos al Nuevo Testamento, el pasaje más vívido que parece decir algo sobre el estado intermedio es la historia de Lázaro y el hombre rico en Lucas 16:19-31. Aquellos que toman esto como una revelación sobre la existencia después de la muerte señalan que no se llama parábola y, contrariamente a la costumbre habitual de Jesús en las parábolas, se le da un nombre concreto a uno de sus personajes: Lázaro. Sin embargo, «Lázaro» es la forma griega de una palabra hebrea que significa «Dios ha ayudado» y tiene el significado simbólico de que, como el hombre pobre no podía confiar en el rico, confió en Dios, quien a su vez lo ayudó con el regalo de la salvación. Si esta historia es real, enseña que el estado intermedio se divide en dos partes: el Hades y el seno de Abraham. «Hades» es el equivalente griego del hebreo «Seol». Estas dos divisiones están separadas por un gran abismo que, sin embargo, no impidió la comunicación de ida y vuelta. Enseña que los impíos en el Hades están atormentados por las llamas mientras que los justos reciben bendición en el seno de Abraham.

Sin embargo, hay una enseñanza en este pasaje que contradice la enseñanza bíblica total sobre el estado intermedio, a saber, que el juicio y la recompensa tienen lugar inmediatamente después de la muerte. En otros partes, el juicio siempre ocurre en la segunda venida de Cristo. Dado que este pasaje refleja ideas sobre el Hades que estaban vigentes en el judaísmo, llegamos a la conclusión de que esto no pretende ser una historia real, sino que es una parábola basada en ideas contemporáneas. Además, Jesús en ninguna parte enseña que la riqueza por sí misma merece el infierno mientras que la pobreza merece el cielo. En realidad, la parábola no trata sobre el pobre y su destino, sino sobre los cinco hermanos. La línea clave es: «… Si no oyen a Moisés y a los profetas, tampoco se persuadirán aunque alguno se levantare de los muertos» (16:31). La parábola trata sobre la dureza y la obstinación de los judíos que se niegan a aceptar el testimonio de la Escritura sobre la persona de Jesús.

La palabra más clara en los Evangelios sobre el estado intermedio, al menos de los justos, se encuentra en las palabras de Jesús al criminal moribundo. El ladrón había quedado profundamente impresionado por la conducta de Jesús y, finalmente, se dirigió a Jesús con la siguiente oración: «… Acuérdate de mí cuando vengas en tu reino» (Lc 23:42). Al parecer, el ladrón había oído algo sobre la controversia que existía sobre el mesianismo de Jesús y concluye que, a pesar de que Jesús fue crucificado, él era, de hecho, el Mesías que, en algún día indefinido del futuro, aparecería como el ungido de Dios para establecer su reino. En respuesta, Jesús dijo: «… De cierto te digo que hoy estarás conmigo en el paraíso» (Lc 23:43).

«Paraíso» es un préstamo griego tomado del persa que significa «parque» o «huerto». En el Antiguo Testamento, se usó para el huerto del Edén (Ez 28:13; 31:8). En escritos judíos posteriores, se convierte en un término que designa la morada bendita de los justos entre la muerte y la resurrección. En 2 Corintios 12:4, Pablo se refiere al paraíso como la morada de Dios. Fue arrebatado en éxtasis para que pudiera vislumbrar el paraíso. Como el ladrón ha expresado su fe en

Jesús, «hoy», es decir, inmediatamente después de la muerte, disfrutará de la comunión con él en la presencia de Dios.

El Nuevo Testamento no va más allá de esta afirmación de que los redimidos disfrutan de la comunión con Cristo en el estado intermedio. Pablo afirma lo mismo, pero no añade una luz nueva sobre el estado de los muertos cuando dice que, en lugar de los sufrimientos que ha experimentado como apóstol, preferiría «... partir [de esta vida] y estar con Cristo, lo cual es muchísimo mejor» (Fil 1:23). La referencia al «reino celestial» en 2 Timoteo 4:18 probablemente apunta a la misma esperanza.

Algunos eruditos creen que un pasaje de Pablo arroja más luz sobre el estado intermedio:

> Porque sabemos que si nuestra morada terrestre, este tabernáculo, se deshiciere, tenemos de Dios un edificio, una casa no hecha de manos, eterna, en los cielos. Y por esto [aquí, en el cuerpo] también gemimos, deseando ser revestidos de aquella nuestra habitación celestial; pues así seremos hallados vestidos, y no desnudos. Porque asimismo los que estamos en este tabernáculo [de nuestro cuerpo terrenal] gemimos con angustia; porque no quisiéramos ser desnudados, sino revestidos, para que lo mortal sea absorbido por la vida. [...] Así que vivimos confiados siempre, y sabiendo que entre tanto que estamos en el cuerpo, estamos ausentes del Señor (porque por fe andamos, no por vista); pero confiamos, y más quisiéramos estar ausentes del cuerpo, y presentes al Señor. Por tanto procuramos también, o ausentes o presentes, serle agradables.
> (2 Co 5:1-9)

Los eruditos evangélicos interpretan este pasaje de dos formas muy diferentes. Algunos ponen énfasis en el verbo: Si nuestro cuerpo terrenal se destruye en la muerte, en el momento de la muerte, *tenemos* nuestros cuerpos redimidos, «una casa no hecha de manos, eterna, en los cielos». Es verdad que, en sus primeras cartas, Pablo coloca la resurrección en la parusía (segunda venida) de Cristo (1 Ts 4). La opinión común es que, entre la escritura de 1 y 2 Corintios, Pablo se enfrentó al peligro de una muerte inminente como nunca antes lo había hecho (2 Co 6:9), y esto lo llevó a reflexionar sobre lo que sucedería después de la muerte. Esto, a su vez, lo llevó a cambiar de opinión y a concluir que aquellos en Cristo tendrían sus cuerpos resucitados inmediatamente después de la muerte. Por lo tanto, 2 Corintios 5 es la palabra más completa en el Nuevo Testamento sobre el estado de los muertos piadosos.

Hay varias dificultades en este punto de vista. En primer lugar, Pablo conocía bien la muerte antes de escribir 2 Corintios. En 1 Corintios 15:31, Pablo dice: «...cada día muero»; constantemente se enfrenta al peligro de la muerte física. En segundo lugar, en Filipenses 3:20-21, Pablo coloca la transformación del cuerpo en la segunda venida de Cristo, como lo había hecho en 1 Tesalonicenses. Por lo tanto, hay pruebas de que no había cambiado de opinión sobre el estado intermedio.

Por último, si 2 Corintios 5 describe un cuerpo recibido al morir, es difícil ver por qué Pablo todavía pensaba que era necesaria una nueva resurrección en la parusía de Cristo. El cuerpo descrito en 2 Corintios tiene una finalidad escatológica: «... para que lo mortal sea absorbido por la vida» (2 Co 5:4). Sin embargo, en Filipenses 3:20, escrito después de Corintios, Pablo claramente está esperando la recepción del cuerpo resucitado y transformado en la segunda venida. «Mas nuestra ciudadanía está en los cielos, de donde también esperamos al Salvador, al Señor Jesucristo; el cual transformará el cuerpo de la humillación nuestra, para que sea semejante al cuerpo de la gloria suya, por el poder con el cual puede también sujetar a sí mismo todas las cosas».

Por estas razones, sigue siendo preferible la interpretación más tradicional de 2 Corintios 5. Pablo está hablando, ante todo, del

> Pablo espera con ansias la resurrección porque, en nuestra existencia terrenal, gemimos de debilidad, enfermedad y sufrimiento, y anhelamos ser revestidos de nuestra habitación celestial.

cuerpo resucitado. La muerte ha perdido su terror, porque no es el fin de la vida. Al contrario, sabemos que tenemos un cuerpo esperándonos, un cuerpo resucitado, un cuerpo eterno, un cuerpo celestial. El tiempo presente, «tenemos» un edificio de Dios, expresa la certeza de recibir este cuerpo celestial. En Romanos 8:30, Pablo habla del suceso escatológico final, la glorificación, en tiempo pasado, tan seguro está de que lo experimentará. «… y a los que llamó, a éstos también justificó; y a los que justificó, a éstos también glorificó». Cuando recibamos este cuerpo, «… lo mortal se[rá] absorbido por la vida» (2 Co 5:4). Pablo espera con ansias la resurrección porque, en nuestra existencia terrenal, gemimos de debilidad, enfermedad y sufrimiento, y anhelamos ser revestidos de nuestra habitación celestial. La alternativa a la resurrección es ser hallados «desnudos», ser un espíritu incorpóreo. Y aunque la muerte haya perdido su terror, sigue siendo un enemigo formidable. Pablo no anticipa con agrado el despojo del tabernáculo mortal porque significa ser «desnudados» (no tener cuerpo); y lo que anhela es que seamos «revestidos [en la resurrección] para que lo mortal sea absorbido por la vida» (2 Co 5:4). En esto, Pablo contrasta fuertemente con el dualismo griego que consideraba el cuerpo como un obstáculo para el mejor yo del hombre y esperaba alcanzar un reino «espiritual» incorpóreo. Para Pablo, la resurrección lo es todo. Al parecer, no ha recibido ninguna guía divina sobre el estado de los muertos después de la muerte. Todo lo que puede decir es «desnudez».

Sin embargo, hay algo que hace más agradable el hecho de dejar el cuerpo incluso antes de recibir el cuerpo resucitado. «Así que vivimos confiados siempre, y sabiendo que entre tanto que estamos en el cuerpo, estamos ausentes del Señor (porque por fe andamos, no por vista); pero confiamos [incluso ante la incorporeidad], y más quisiéramos estar ausentes del cuerpo, y presentes al Señor» (2 Co 5:6-8). Aquí Pablo dice las mismas cosas que dice en Filipenses 1:23. No sabe nada sobre el estado de los muertos piadosos y no quiere morir antes de la resurrección, pero aun así la muerte no asusta, porque los muertos estarán con Cristo mientras esperan la resurrección.

En resumen, el testimonio de Pablo concuerda con la palabra de Jesús al ladrón moribundo. El pueblo de Dios estará con él después de la muerte; pero el Nuevo Testamento nos da pocos detalles sobre la naturaleza del estado intermedio.

Hay un atisbo del estado intermedio en Hebreos 12:23, donde hay una referencia pasajera «... a los espíritus de los justos hechos perfectos». Probablemente esta no sea una declaración general, sino específica, que se refiere a los santos del Antiguo Testamento. El autor ha concluido el capítulo 11 (su gran pase de lista de los héroes del Antiguo Testamento) diciendo: «Y todos éstos, aunque alcanzaron buen testimonio mediante la fe, no recibieron lo prometido; proveyendo Dios alguna cosa mejor para nosotros, para que no fuesen ellos perfeccionados aparte de nosotros» (He 11:39-40). Esta «perfección» se encuentra en Jesucristo, «porque con una sola ofrenda hizo perfectos para siempre a los santificados (He 10:14). La «perfección» a través de la muerte de Cristo es lo que el sistema de sacrificios del Antiguo Testamento no podía hacer: llevar a los hombres a una comunión viva con Dios. Esto se ha logrado *ahora* para los santos del Nuevo Testamento y también se ha logrado para los santos del Antiguo Testamento después de su muerte, porque ellos también eran hombres de fe.

Un pasaje notoriamente difícil se encuentra en 1 Pedro 3:19-20: «En el cual [en el Espíritu] también fue y predicó a los espíritus encarcelados, los que en otro tiempo desobedecieron, cuando una vez esperaba la paciencia de Dios en los días de Noé, mientras se preparaba el arca, en la cual pocas personas, es decir, ocho, fueron salvadas por agua». Este pasaje ha recibido y aún recibe diversas interpretaciones. Aquí no podemos hacer más que mencionar las tres principales. La interpretación patrística más antigua es que, en el estado intermedio, Cristo fue en el espíritu y predicó el evangelio a los espíritus de los muertos encarcelados en el Hades que vivieron en los días de Noé o en el tiempo anterior a Cristo. Este punto de vista pronto perdió fuerza, ya que abrió la puerta a la posibilidad de la salvación después de la muerte. Un segundo punto de vista, sostenido por san Agustín y muchos reformadores, es que Cristo, en su estado preexistente de ser, predicó el evangelio a través de Noé a los contemporáneos vivos de Noé. El tercer punto de vista, el más aceptado en la actualidad, es que, en el estado intermedio, Cristo proclamó la victoria del evangelio a los ángeles caídos encarcelados en el Hades. Dicha «predicación» no significa un ofrecimiento de salvación, sino el anuncio triunfal de que, mediante su muerte y resurrección, Cristo había puesto fin al poder del mundo espiritual.

Esto puede encontrar algo de sustento en Judas 6: «Y a los ángeles que no guardaron su dignidad, sino que abandonaron su propia morada, los ha guardado bajo oscuridad, en prisiones eternas, para el juicio del gran día».

Sin lugar a duda, algunos intérpretes recurrirán a Apocalipsis 6:9 para obtener más claridad sobre el estado intermedio: «Cuando abrió el quinto sello, vi bajo el altar las almas de los que habían sido muertos por causa de la palabra de Dios y por el testimonio que tenían». Sin embargo, esto no arroja luz sobre esta cuestión. Es más bien una forma metafórica de describir la muerte de los mártires y no dice nada sobre su morada después de la muerte. En el Antiguo Testamento, cuando se sacrificaban animales al Señor, su sangre se vertía al pie del altar (Lv 4:7). Las almas de los mártires se describen debajo del altar en el cielo porque sus vidas habían sido derramadas como ofrenda de sacrificio a Dios. El Nuevo Testamento a menudo emplea el lenguaje de la muerte sacrificial. Al enfrentar la muerte, el apóstol Pablo escribió: «Porque yo ya estoy para ser sacrificado...» (2 Ti 4:6). En otro momento había escrito: «Y aunque sea derramado en libación sobre el sacrificio y servicio de vuestra fe, me gozo y regocijo con todos vosotros» (Fil 2:17). Los mártires cristianos del Apocalipsis son vistos como sacrificios ofrecidos a Dios. De hecho, fueron asesinados en la tierra y su sangre mojó el suelo; pero en la fe cristiana, el sacrificio se hizo, en realidad, en el cielo, donde ofrecieron sus almas, sus vidas, en el altar celestial.

En resumen, el Nuevo Testamento tiene muy poco que decir sobre el estado intermedio. De hecho, no arroja luz sobre el estado de los muertos impíos. El único hecho que enseñan tanto los Evangelios como Pablo es que los muertos piadosos, los creyentes, están con Cristo en la presencia de Dios, esperando la resurrección. Si bien este es un estado de bienaventuranza, toda la Biblia da testimonio de que la redención final debe incluir la resurrección y la transformación del cuerpo.

— 4 —

LA SEGUNDA VENIDA DE CRISTO

Para entender el significado de la segunda venida de Cristo en el Nuevo Testamento, se necesita tener una perspectiva general de la naturaleza básica de la teología bíblica. En toda la Biblia se da por sentada la realidad del mundo visible y natural, pero, a la vez, se da por sentada la existencia de un mundo invisible y espiritual: la morada de Dios. «Es, pues, la fe la certeza de lo que se espera, *la convicción de lo que no se ve*» (He 11:1). Este mundo es imperceptible para los sentidos físicos. Solo se lo puede aprehender mediante la fe. La Biblia no intenta demostrar en ningún momento la realidad de este mundo invisible; se da por sentado en todas partes, al igual que la existencia de Dios: «... porque es necesario que el que se acerca a Dios *crea* que le hay, y que es galardonador de los que le buscan» (He 11:6).

Este dualismo de Dios versus el mundo puede parecer muy similar al dualismo griego mencionado en el capítulo anterior sobre el mundo espiritual versus el material. Sin embargo, la similitud es, en realidad, superficial. Existe una diferencia profunda entre el dualismo griego y el hebreo. El dualismo griego, como ya se ha señalado, sostiene un dualismo paralelo en el hombre entre cuerpo y alma. El hombre, en su cuerpo, pertenece al mundo material, pero, en su alma, donde reside su vida verdadera y más real, pertenece al mundo espiritual invisible. Por lo tanto, el hombre sabio es aquel que cultiva su alma y controla estrictamente su cuerpo para que no interfiera con su alma. Al morir, el hombre sabio escapará del mundo visible de la materia y emprenderá su vuelo hacia el mundo espiritual invisible. «Salvación» significa escapar del cuerpo que es la tumba del alma.

> En el pensamiento griego, el hombre huye del mundo hacia Dios; en el pensamiento hebreo, Dios desciende al hombre.

El dualismo hebreo es muy diferente. A pesar de que se da cuenta de que algo ha salido mal en el mundo natural, sigue afirmando que este mundo en su esencia es bueno y nunca malo. La morada natural del hombre es la tierra. El hombre conoce a Dios no por la disciplina de los apetitos corporales y el cultivo del alma, sino porque Dios viene a él en su existencia terrenal e histórica.

En el pensamiento griego, el hombre huye del mundo hacia Dios; en el pensamiento hebreo, Dios desciende al hombre. Además, Dios debe ser conocido por sus visitaciones al hombre a lo largo de la historia, donde se revela a sí mismo. El mayor acto revelador de Dios en el Antiguo Testamento fueron las apariciones divinas en Egipto para liberar a Israel y constituirlo en su pueblo. El Éxodo no fue un acontecimiento ordinario en la historia como los que les ocurrieron a otras naciones. No fue un logro de los israelitas. No se lo atribuyó al genio y al liderazgo hábil de Moisés. Fue un acto de Dios. «Ustedes han visto lo que he hecho a los egipcios, y cómo los he tomado sobre alas de águilas...» (Éx 19:4). Esta liberación no fue un simple acto de Dios; fue un acto por el cual Israel debía conocer y servir a Dios. «... Yo soy JEHOVÁ; y yo os sacaré de debajo de las tareas pesadas de Egipto, y os libraré de su servidumbre [...]; y *vosotros sabréis que yo soy Jehová vuestro Dios...*» (Éx 6:6-7).

En la historia posterior de Israel, el Éxodo se relata una y otra vez como la obra redentora mediante la cual Dios se dio a conocer a su pueblo. Oseas apela a la redención histórica de Israel y a sus experiencias posteriores como prueba del amor de Dios. «Cuando Israel era muchacho, yo lo amé, y de Egipto llamé a mi hijo. [...] Con cuerdas humanas los atraje, con cuerdas de amor...» (Os 11:1, 4).

La historia también revela a Dios en ira y juicio. Inmediatamente, Oseas dice que Israel está por volver al cautiverio a causa de sus pecados. Amós interpreta la inminente destrucción histórica de Israel con las siguientes palabras: «Por tanto, de esta manera te haré a ti, oh Israel; y porque te he de hacer esto, prepárate para venir al encuentro de tu Dios, oh Israel» (Am 4:12). La revelación de Dios como juez de su pueblo en los acontecimientos históricos se refleja de forma clara al designar la derrota histórica de Israel por parte de los asirios como el «día del Señor».

Estas visitaciones maravillosas de Dios en el pasado se describen a veces en términos de lo que el teólogo llama una teofanía, una aparición de Dios. Ante la gloria y la majestuosidad de la visitación divina, la creación se estremece.

> Te vieron y tuvieron temor los montes [...].
>
> El sol y la luna se pararon en su lugar [...]
>
> Con ira hollaste la tierra,
>
> Con furor trillaste las naciones.

Saliste para socorrer a tu pueblo,

Para socorrer a tu ungido… (Hab 3:10, 11, 12-13).

En un capítulo anterior, vimos que hay tres personajes mesiánicos diferentes en el Antiguo Testamento: el Mesías davídico, el Hijo del Hombre celestial y el Siervo Sufriente que será el instrumento de la salvación escatológica final del pueblo de Dios.

Se suele pasar por alto que, con frecuencia, el Antiguo Testamento espera la visitación escatológica en términos de una teofanía, una aparición de la gloria y la majestad de Dios ante la cual la creación se estremecerá y temblará. Uno debería leer todo Isaías 24–25 para apreciar esto; aquí solo podemos citar algunos versículos.

He aquí que Jehová vacía la tierra y la desnuda, y trastorna su faz,

y hace esparcir a sus moradores. […]

La tierra será enteramente vaciada, y completamente saqueada;

porque Jehová ha pronunciado esta palabra. […]

Acontecerá en aquel día, que Jehová castigará al ejército de los

cielos en lo alto, y a los reyes de la tierra sobre la tierra.

Y serán amontonados como se amontona a los encarcelados

en mazmorra, y en prisión quedarán encerrados, y serán

castigados después de muchos días.

La luna se avergonzará, y el sol se confundirá, cuando Jehová

de los ejércitos reine en el monte de Sion y en Jerusalén, y

delante de sus ancianos sea glorioso. (Is 24:1, 3, 21-23)

La línea importante es «cuando Jehová de los ejércitos reine en el monte de Sion». El establecimiento del gobierno de Dios, su reino, es la esperanza central de los profetas. Significará tres cosas: el temblor y el juicio de una creación caída, el castigo de los malvados y la salvación del pueblo de Dios en una tierra renovada. El mismo pasaje de Isaías continúa así:

Y Jehová de los ejércitos hará en este monte a todos los pueblos
banquete de manjares suculentos, banquete de vinos
refinados, de gruesos tuétanos y de vinos purificados. [...]
Destruirá a la muerte para siempre; y enjugará Jehová el Señor
toda lágrima de todos los rostros; y quitará la afrenta de su
pueblo de toda la tierra; porque Jehová lo ha dicho.
(Is 25:6, 8).

Esta misma teología de la teofanía escatológica, de la visitación
de Dios para juzgar la tierra y la humanidad y para redimir a su pueblo,
se encuentra en pasajes como Joel 3:14-21 y Sofonías 2, que no
podemos citar aquí por cuestiones de espacio. Lo importante en dichos
pasajes es que Dios visitará a la humanidad en la historia, en su
existencia terrenal, tanto para el juicio como para la salvación. En
ninguna parte se concibe la salvación como una huida de la historia,
a diferencia del pensamiento griego; siempre se considera la venida de
Dios al hombre en la historia. El hombre no asciende a Dios; Dios
desciende al hombre. La historia no es el escenario en el que el hombre
vive su existencia humana para luego abandonarla; la historia comparte
con el hombre tanto el juicio como
la salvación.

En el Nuevo Testamento, esta teología
de la venida de Dios toma una
forma nueva e imprevista: la encarnación.
Jesús de Nazaret era un hombre
dotado de poderes sobrenaturales. Casi
todos los eruditos modernos, tanto
evangélicos como liberales, admiten
que Jesús realizó lo que parecían ser
milagros de sanación. Uno de los milagros
más característicos de Jesús fue
el exorcismo de demonios. Muchos

> La historia no
> es el escenario
> en el que el
> hombre vive su
> existencia humana
> para luego
> abandonarla; la
> historia comparte
> con el hombre
> tanto el juicio
> como la salvación.

hombres modernos no saben qué hacer con la enseñanza del evangelio sobre la posesión de demonios, pero está claro que es un aspecto inextricable en el ministerio de Jesús. De hecho, desde un punto de vista, puede considerarse el aspecto más central.

En el bautismo de Jesús, la voz del cielo lo proclamó como el Hijo de Dios, como el Elegido. La elección se refleja en las palabras «… en quien tengo complacencia» (Mt 3:17). Al bautismo le sigue de inmediato la tentación, la cual debe ser comprendida a la luz del bautismo. La triple tentación supone que Jesús es el Hijo de Dios: «… Si eres Hijo de Dios [como crees que eres]» (Mt 4:3). La idea central de la tentación era persuadir a Jesús para que abandonara la voluntad de Dios en el cumplimiento de su misión mesiánica. «Si eres el Hijo de Dios, haz alarde de tu deidad al saltar desde el pináculo del templo sin herirte y así asombrarás a las multitudes para que te adoren». La tentación marca el comienzo de una lucha entre Jesús y los poderes de Satanás que continuó durante todo su ministerio.

En una ocasión, después de que Jesús exorcizara un demonio, los líderes de los judíos admitieron que Jesús tenía un poder sobrenatural, pero que este poder era satánico: el poder de Beelzebú. Jesús respondió que eso era imposible dado que implicaría una guerra civil en el dominio de Satanás que lo llevaría a su ruina. Luego Jesús afirmó: «Pero si yo por el Espíritu de Dios echo fuera los demonios, ciertamente ha llegado a vosotros el reino de Dios. Porque ¿cómo puede alguno entrar en la casa del hombre fuerte, y saquear sus bienes, si primero no le ata? Y entonces podrá saquear su casa» (Mt 12:28-29). La misión terrenal de Jesús era liberar al hombre del poder satánico. Esto significaba «invadir» la casa del hombre fuerte, es decir, este mundo para «saquear sus bienes», para arrebatar a los hombres y mujeres del poder satánico.

> La misión terrenal de Jesús era liberar al hombre del poder satánico.

El símbolo más evidente de esto fue la liberación de la posesión demoníaca. Jesús había luchado con Satanás y lo había «atado», lo había vencido para que tuviera que liberar a sus antiguos esclavos.

El exorcismo de demonios era solo el lado negativo de recibir en la vida de uno el poder del gobierno real de Dios. El exorcismo de demonios no era un fin en sí mismo; la vida debe llenarse con el poder de Dios. De lo contrario, el demonio puede volver, y la situación final será peor que la primera. La conquista victoriosa sobre Satanás se ilustra aún más en la misión de predicación de los setenta discípulos. Al regresar de su misión, informaron que hasta los demonios se les sometían en el nombre de Jesús. Jesús les contestó: «... Yo veía a Satanás caer del cielo como un rayo» (Lc 10:18). Es evidente que es un lenguaje simbólico y no pretende ser una afirmación geográfica o astronómica. En la misión de los setenta discípulos, Jesús vio a Satanás derribado de su lugar de poder. La atadura de Satanás y su caída del cielo son dos formas metafóricas de afirmar que ha sido derrotado en su lucha con Jesús.

> La atadura de Satanás y su caída del cielo son dos formas metafóricas de afirmar que ha sido derrotado en su lucha con Jesús.

El Evangelio de Juan añade algo que solo está implícito en los tres primeros Evangelios. Habla con claridad de la preexistencia y la encarnación de Cristo. «En el principio era el Verbo, y el Verbo era con Dios, y el Verbo era Dios. [...] Y aquel Verbo fue hecho carne, y habitó entre nosotros...» (Jn 1:1, 14). Pablo da testimonio de la misma verdad: «el cual [Cristo], siendo en forma de Dios, no estimó el ser igual a Dios como cosa a que aferrarse, sino que se despojó a sí mismo, tomando forma de siervo, hecho semejante a los hombres; y estando en la condición de hombre, se humilló a sí mismo, haciéndose obediente hasta la muerte, y muerte de cruz»

(Fil 2:6-8). En otras palabras, la historia de Jesús de Nazaret no es la historia de un genio religioso, ni la de un profeta visionario ni la de un hombre dotado de una capacidad excepcional. Es todo esto, pero aún más. Es la historia de la encarnación, de la visitación del Dios del cielo a los seres humanos. «... Y llamarás su nombre Emanuel, que traducido es: Dios con nosotros» (Mt 1:23). La erudición moderna ha buscado «al Jesús histórico», un Jesús que no es más grande que la historia, que puede ser entendido por completo en términos humanos. No obstante, no se ha encontrado ningún «Jesús histórico» que satisfaga el retrato del evangelio. Decir «Jesús» significa decir «Dios». Por eso, Jesús pudo decir: «... El que me ha visto a mí, ha visto al Padre...» (Jn 14:9).

> La erudición moderna ha buscado «al Jesús histórico», un Jesús que no es más grande que la historia, que puede ser entendido por completo en términos humanos.

Y, aun así, Jesús no es la encarnación de la deidad develada. «Y aquel Verbo fue hecho *carne*...». La deidad tuvo de velo la carne humana, «... se despojó a sí mismo [de su gloria], tomando la forma de siervo...». Jesús causó poca impresión en algunas personas porque lo conocían desde la infancia. «... ¿No es éste Jesús, el hijo de José, cuyo padre y madre nosotros conocemos? [...]» (Jn 6:42). Como hemos señalado en un capítulo anterior, Jesús tenía la misión mesiánica de cumplir el papel del Siervo Sufriente antes de ser el Hijo del Hombre en gloria. Lo que queremos decir ahora es que, contrario a las apariencias, la vida de Jesús de Nazaret encarna una invasión de Dios en la historia, aunque esté velada. De esta forma, la presencia de Dios solo podía ser vista por los ojos de la fe. Después del milagro de la transformación del agua en vino en Caná de Galilea, según Juan, Jesús manifestó su gloria (Jn 2:11). Esto no fue evidente para todos, solo para los discípulos creyentes. La mayoría de la gente solo experimentó el vino extrafino.

Hemos señalado que parte de la misión principal de Jesús era derrocar el poder de Satanás. Pablo considera que esto se logró también con la muerte y la resurrección de Jesús: «Y despojando a los principados y a las potestades, los exhibió públicamente, triunfando sobre ellos en la cruz» (Col 2:15). Uno de los principales motivos del Nuevo Testamento en cuanto al significado de la resurrección y la ascensión de Jesús es su victoria sobre los poderes del mal. En el día de Pentecostés, Pedro hizo esta declaración: «... Dijo el Señor [Dios] a mi Señor [el Mesías]: Siéntate a mi diestra, hasta que ponga a tus enemigos por estrado de tus pies» (Hch 2:34-35). Cristo ya ha derrotado a Satanás de forma definitiva; pero Satanás aún no está destruido. «Porque preciso es que él [Cristo] reine [como Rey y Mesías] hasta que haya puesto a todos sus enemigos debajo de sus pies. Y el postrer enemigo que será destruido es la muerte» (1 Co 15:25-26).

Esto afecta a la teología del reino de Dios. Jesús, por último, entregará «... el reino al Dios y Padre, cuando haya suprimido todo dominio, toda autoridad y potencia» (1 Co 15:24). El reino de Dios es el gobierno de Dios, manifestado en Cristo. Ya vimos que el hecho de que Jesús exorcizara demonios, liberando a hombres y a mujeres del poder satánico, era la prueba externa de que el reino de Dios *había llegado* a los hombres en la historia (Mt 12:28). En su resurrección y exaltación fue entronado a la diestra de Dios (Hch 2:34-36). Incluso ahora reina

> Uno de los principales motivos del Nuevo Testamento en cuanto al significado de la resurrección y la ascensión de Jesús es su victoria sobre los poderes del mal.

como Rey mesiánico. Los hombres y mujeres siguen siendo librados de la esclavitud de las tinieblas y trasladados al reino de Cristo (Col 1:13), pero el mundo no lo sabe. El mundo sigue como si Jesús nunca hubiera venido, como si el reino de Dios fuera solo un sueño. De hecho, hay millones de creyentes cristianos en el mundo actual que expresan su señorío, que buscan los caminos de paz y de justicia, pero que no son suficientes para moldear el rumbo de las naciones. Jesús mismo dijo que habría disturbios, guerras, males y persecuciones a lo largo de la era. La presencia del reino de Dios en la misión histórica de Jesús fue, ante todo, un acontecimiento espiritual. Aunque haya sido derrotado, Satanás y los poderes del mal todavía están con nosotros. El mundo sigue siendo un lugar malvado. Las naciones del mundo ignoran a Dios y a su reino.

> La presencia del reino de Dios en la misión histórica de Jesús fue, ante todo, un acontecimiento espiritual.

Por eso es necesaria la segunda venida de Cristo, para completar la obra iniciada en su encarnación. En otras palabras, hay dos grandes acontecimientos en la conquista de los poderes del mal por parte de Dios, dos invasiones de Dios en la historia: la encarnación y la segunda venida. Un erudito lo ha ilustrado con una analogía de la Segunda Guerra Mundial. Hubo dos pasos en la victoria sobre la Alemania nazi: el Día D y el Día de la Victoria en Europa. Una vez que los aliados lanzaron una invasión exitosa en el continente y los ejércitos aliados se aseguraron un punto de apoyo e iniciaron su avance a través de Francia, el rumbo de la batalla cambió. Los aliados avanzaban y Alemania se retiraba. Sin embargo, aún quedaban muchos enfrentamientos amargos que duraron hasta la rendición completa del enemigo: el Día de la Victoria en Europa. Entonces, cesaron los combates y reinó la paz.

Así que Jesús ha invadido el reino de Satanás y lo ha derrotado de forma definitiva. Debido a la victoria de Jesús en su vida, muerte y exaltación, el rumbo de la batalla ha cambiado. Desde Pentecostés, se ha predicado el evangelio del reino de Dios en casi todo el mundo, y una multitud cada vez mayor de hombres y mujeres son rescatados del dominio de Satanás y trasladados al reino de Cristo. Un número creciente de personas se inclina ante el señorío de Cristo. No obstante, él debe reinar hasta que «haya puesto a todos sus enemigos debajo de sus pies» (1 Co 15:25). Dado que estos enemigos son enemigos espirituales, enemigos satánicos, esta es una victoria que ni los hombres ni la iglesia pueden ganar. Solo puede lograrse mediante un acto directo de Dios. El poder que estaba en el Jesús encarnado de forma oculta y velada será manifestado en poder y gloria.

Otra forma de ver el mismo hecho: Jesús *es* ahora el Señor; está entronado a la diestra de Dios; está reinando en su reino. Sin embargo, se trata de un señorío y de un reinado que solo conocen los creyentes; debe ser confesado por fe. Su segunda venida significará nada menos que el señorío que ahora es suyo y que se hará visible a todo el mundo. Cuando oramos: «Venga tu reino», esto es lo que estamos pidiendo: el gobierno efectivo y universal de Cristo en todo el mundo, no solo sobre los creyentes. Entonces, cuando venga su reino «… en el nombre de Jesús se dobl[ará] toda rodilla de los que están en los cielos, y en la tierra, y debajo de la tierra; y toda lengua conf[esará] que Jesucristo es el Señor, para gloria de Dios Padre» (Fil 2:10-11).

> Cuando oramos: «Venga tu reino», esto es lo que estamos pidiendo: el gobierno efectivo y universal de Cristo en todo el mundo, no solo sobre los creyentes.

La teofanía escatológica del Antiguo Testamento, la aparición gloriosa de Dios, que establecerá el dominio universal de Dios, se reinterpreta en el Nuevo Testamento en términos de la segunda venida de Cristo. Él vendrá como el Hijo del Hombre celestial y traerá su reino a sus santos. Reinará en su reino como Rey mesiánico.

EL LENGUAJE
DEL SEGUNDO
ADVENIMIENTO

Ahora debemos tratar una cuestión que se ha convertido en un tema de trágica controversia en muchas iglesias evangélicas. El dispensacionalismo, que discutimos en el primer capítulo, ha enseñado que habrá dos venidas de Cristo, o más bien, que la segunda venida de Cristo ocurrirá en dos etapas. Hemos visto que el dispensacionalismo enseña que hay dos pueblos de Dios, Israel y la iglesia, y que Dios tiene dos programas diferentes, uno para Israel y otro para la iglesia. El programa para Israel es un programa teocrático y terrenal; el programa de la iglesia es un programa espiritual y celestial. A eso corresponden las dos fases de la segunda venida de Cristo. La Biblia enseña, como veremos en el próximo capítulo, que la lucha entre el reino de Dios y el poder de Satanás llegará a su punto máximo en una breve pero terrible lucha entre Satanás y la iglesia, donde el diablo intentará que todos los seres humanos se aparten de Cristo. Este será un tiempo de penoso martirio; se lo llama «la gran tribulación» (Mt 24:21; Ap 7:14). Los dispensacionalistas sostienen que Cristo vendrá antes de que comience la tribulación para resucitar a los santos muertos y arrebatar a los santos vivos (el rapto) para que estén con él en el cielo. De esta manera, la iglesia escapará de la gran tribulación; la persecución contra los «santos» apuntará a Israel, los judíos vivos. Al final de la tribulación, Cristo regresará, esta vez acompañado por la iglesia (1 Ts 3:13), para rescatar a Israel y traerlos a su reino milenario. A estas dos venidas de Cristo se las llama «el rapto», cuando él vendrá a arrebatar a la iglesia, y «la revelación». El rapto será una venida secreta, conocida solo por la iglesia. La revelación será una venida pública y visible donde vendrá con poder y gloria para establecer su reino.

Esta venida de Cristo antes de la tribulación para resucitar a los santos muertos y raptar a la iglesia viva se ha convertido en la doctrina más característica de los dispensacionalistas. Debemos examinar el lenguaje usado en el Nuevo Testamento para ver si apoya esta idea de la venida de Cristo antes de la gran tribulación.

En el Nuevo Testamento, se emplean tres palabras para describir el segundo advenimiento. La primera es «parusía», que significa «venida», «llegada» o «presencia». Esta es la palabra que se usa con más frecuencia para referirse al regreso de nuestro Señor, y se usa en relación con el rapto de la iglesia.

> Por lo cual os decimos esto en palabra del Señor: que nosotros que vivimos, que habremos quedado hasta la venida del Señor, no precederemos a los que durmieron. Porque el Señor mismo con voz de mando, con voz de arcángel, y con trompeta de Dios, descenderá del cielo; y los muertos en Cristo resucitarán primero. Luego nosotros los que vivimos, los que hayamos quedado, seremos

arrebatados juntamente con ellos en las nubes para recibir al Señor en el aire, y así estaremos siempre con el Señor. (1 Ts 4:15-17)

Es muy difícil encontrar una venida secreta de Cristo en estos versículos. Su venida será acompañada con vos de mando, con voz de arcángel y con trompeta de Dios. ¡Alguien ha dicho que la voz de mando y el sonido de trompeta serán lo suficientemente fuertes como para despertar a los muertos!

Además, la parusía de Cristo ocurrirá no solo para arrebatar a la iglesia y resucitar a los muertos piadosos, sino también para destruir al hombre inicuo, al anticristo. «Y entonces se manifestará aquel inicuo, a quien el Señor matará con el espíritu de su boca, y destruirá con el resplandor de su venida» (2 Ts 2:8). Obviamente, este no es un acontecimiento secreto, ya que la parusía de Cristo será un resplandor, una manifestación. Además, este versículo ubica la parusía al final de la tribulación. Desde luego, al comparar los versículos recién citados, uno concluiría que el rapto de los santos vivos, la resurrección de los que han muerto y el juicio sobre el anticristo tendrán lugar al mismo tiempo, es decir, en la parusía de Jesús al final de la tribulación.

Es más, en su parusía, Jesús estará acompañado por todos sus santos. Pablo ora para que Dios pueda afirmar a los tesalonicenses en santidad «… en la venida de nuestro Señor Jesucristo con todos sus santos» (1 Ts 3:13). En su parusía, el Señor vendrá para traer a sus santos con él, para resucitar a los muertos piadosos, para raptar a los creyentes vivos y para destruir al anticristo.

> En su parusía, el Señor vendrá para traer a sus santos con él, para resucitar a los muertos piadosos, para raptar a los creyentes vivos y para destruir al anticristo.

La parusía será un suceso glorioso. Cristo destruirá al hombre inicuo con el espíritu de su boca y «... con el resplandor [literalmente, "epifanía" o "manifestación"] de su venida» (2 Ts 2:8). La interpretación de la Nueva Biblia de las Américas (NBLA) no es incorrecta: «... con el esplendor de su venida». Esta epifanía será un suceso glorioso, ya que Pablo habla de «... la manifestación gloriosa de nuestro gran Dios y Salvador Jesucristo» (Tit 2:13).

Encontramos la misma enseñanza de una parusía gloriosa y visible en las palabras de Jesús. «Porque como el relámpago que sale del oriente y se muestra hasta el occidente, así será también la venida del Hijo del Hombre» (Mt 24:27). Será como un relámpago, glorioso, visible, evidente para todos.

La respuesta común a estos hechos que dan aquellos que separan la venida de Cristo en dos partes es que parusía significa «presencia» y, por lo tanto, cubre todo el período introducido por el rapto y el comienzo de la tribulación. Así se nos dice que parusía puede referirse a la venida de Cristo en el rapto o a su revelación al final de la tribulación.

Es verdad que, a veces, parusía significa «presencia». Pablo contrasta su presencia (parusía) con los filipenses con su ausencia (*apousía*) (Fil 2:12). Los corintios acusaron a Pablo de inconsistencia, porque sus «cartas [eran] duras y fuertes; mas la presencia corporal débil...» (2 Co 10:10). Sin embargo, la palabra no siempre significa «presencia»; más a menudo significa «llegada». Cuando Pablo, estando en Éfeso, recibió enviados de Corinto, se regocijó por su parusía, es decir, su llegada o venida (1 Co 16:17). Cuando Pablo estaba preocupado por cómo estaban las cosas en Corinto, la llegada (parusía) de Tito lo consoló (2 Co 7:6). No fue la presencia de Tito, sino su llegada con buenas noticias de Corinto lo que brindó el consuelo. Traducir parusía por «presencia» la vaciaría de su punto particular. Esto se ilustra en los siguientes ejemplos: «Por tanto, hermanos, sean pacientes hasta la venida del Señor [...]. Sean también ustedes pacientes. Fortalezcan sus corazones, porque la venida del Señor está cerca» (Stg 5:7-8, NBLA). «¿Dónde está la promesa de su advenimiento?» (2 P 3:4). En estos versículos, es la venida, el regreso, el advenimiento del Señor lo que se anhela; «presencia» no se adapta al contexto.

En los versículos que acabamos de analizar, no es tanto la presencia la que se requiere, sino la venida de Cristo. Es en la venida, el advenimiento de Cristo, que los muertos resucitarán y los vivos serán arrebatados; la palabra «presencia» no es adecuada. Es en su venida, su advenimiento, no su presencia, que sus santos lo acompañarán. Su venida, su advenimiento, será como un relámpago. La parusía de Cristo es su

> La parusía de Cristo es su segunda venida y traerá tanto la salvación como el juicio: la salvación de los santos y el juicio del mundo.

segunda venida y traerá tanto la salvación como el juicio: la salvación de los santos y el juicio del mundo.

Una segunda palabra que se usa para referirse al regreso de nuestro Señor es *apokálupsis*, que significa «revelación». Los pretribulacionistas distinguen el apocalipsis o la revelación de Cristo del rapto de la iglesia y la colocan al final de la tribulación cuando Cristo venga en gloria para traer juicio sobre el mundo. Si este punto de vista es correcto, entonces *el apocalipsis de Cristo no es principalmente la esperanza bendita del cristiano*. Cuando ocurra la revelación, los santos habrán sido arrebatados y habrán recibido de la mano de Cristo su recompensa por las cosas hechas mientras estaban vivos. Ya habrán entrado en el pleno gozo de la vida y la comunión con Cristo. El apocalipsis de Cristo es para el juicio de los malvados, no para la salvación de la iglesia. Según el pretribulacionismo, el rapto en la venida secreta de

Cristo, no la revelación, es nuestra esperanza bendita y el objeto de nuestra expectativa más anhelada.

Sin embargo, esto no es lo que encontramos en la Escritura. Estamos «... esperando la manifestación de nuestro Señor Jesucristo» (1 Co 1:7). Según el pretribulacionismo, no estamos esperando la revelación, sino el rapto. La iglesia sufrirá aflicción hasta el tiempo de la revelación de Cristo. Pablo dice que «... es justo delante de Dios pagar con tribulación a los que os atribulan, y a vosotros que sois atribulados, daros reposo con nosotros, cuando se manifieste el Señor Jesús desde el cielo con los ángeles de su poder» (2 Ts 1:6-7). Según el pretribulacionismo, este descanso de la persecución ya se habrá experimentado en el rapto; no espera la revelación de Jesucristo. Sin embargo, la Palabra de Dios dice que se recibe en la revelación.

Recientemente se ha argumentado que la expresión en griego no significa «cuando el Señor Jesús sea revelado», sino «en la revelación del Señor Jesús», es decir, no el momento en que Cristo es revelado, sino el período durante el cual ocurre su revelación. Cuando Cristo sea revelado, los afligidos ya estarán disfrutando del descanso. Sin embargo, esta es una interpretación muy poco natural del lenguaje de Pablo. Prestemos atención a la expresión completa: «... es justo delante de Dios pagar con tribulación [...], a vosotros que sois atribulados, daros reposo con nosotros, cuando se manifieste el Señor Jesús...». Aquí hay dos verbos con sus respectivos objetos: «pagar con tribulación a los que os atribulan» y «dar reposo a vosotros que sois atribulados». Tanto el pago con tribulación como el reposo estarán en la revelación del Señor. Si ha de darse aflicción cuando Cristo sea revelado, entonces el reposo también debe darse cuando Cristo sea revelado. Decir que el reposo ya se recibió y se disfruta es imponerle al versículo una suposición que es contrarrestada por la redacción del pasaje.

Pedro emplea la misma expresión. Ahora somos participantes de los padecimientos de Cristo, para que «... también en la revelación de su gloria os gocéis con gran alegría» (1 P 4:13). Esto sugiere que la prueba de fuego terminará solo en la revelación de Cristo. Además, Pedro dice que la autenticidad de nuestra fe traerá «... alabanza, gloria y honra cuando sea manifestado Jesucristo» (1 P 1:7). Según el pretribulacionismo, ya se había experimentado esta gloria y honor en un momento anterior en el rapto de la iglesia. Sin embargo, este versículo afirma que uno de los propósitos de la revelación de Cristo es traer gloria y honor a su pueblo por su firmeza en la fe. Por último, Pedro nos asegura que recibiremos nuestra esperanza de la perfección en la gracia en la revelación de Jesucristo. Si estos dos acontecimientos son uno solo, estos versículos están llenos de significado. Sin embargo, si estas bendiciones no se reciben en la revelación, sino en un rapto anterior, estos versículos son bastante desconcertantes y difíciles. Es difícil ver cómo se puede hacer una distinción entre estos dos sucesos. La revelación se convierte de manera continua en el objeto de nuestra esperanza; por lo tanto, el rapto debe ocurrir en la revelación de Cristo. La Escritura en ninguna parte afirma que haya un rapto que tendrá lugar antes de la revelación.

> Pedro nos asegura que recibiremos nuestra esperanza de la perfección en la gracia en la revelación de Jesucristo.

La tercera palabra que se usa para la segunda venida de Cristo es *epifanía*, que significa «manifestación» y, por lo tanto, de acuerdo con el esquema pretribulacionista, no se refiere al rapto de la iglesia y a una venida secreta de Cristo al comienzo de la tribulación, sino a la revelación de Cristo con sus santos al final de la tribulación para traer juicio al mundo. De hecho, se usa con este último significado, porque Cristo matará al hombre inicuo con la epifanía de su parusía, es decir, con el «resplandor de su venida» (2 Ts 2:8). Está claro que su epifanía ocurrirá al final de la tribulación.

Sin embargo, esta epifanía de Cristo es, como su revelación, el objeto de la esperanza del creyente, como no podría serlo si la iglesia hubiera recibido el objeto de su esperanza en un momento anterior en el rapto. Pablo nos exhorta a guardar el mandamiento sin mácula y sin reprensión «... hasta la aparición de nuestro Señor Jesucristo» (1 Ti 6:14). Al final de su vida, Pablo expresó con confianza que había peleado una buena batalla y, esperando con ansias, el día de la recompensa en el tribunal de Cristo, afirma: «Por lo demás, me está guardada la corona de justicia, la cual me dará el Señor, juez justo, en aquel día; y no sólo a mí, sino también a todos los que aman su venida» (2 Ti 4:8). De un pasaje como este solo se puede concluir que «aquel día» que Pablo anticipa como un día de recompensas es el día de la epifanía de Cristo. Por eso, los cristianos han hecho de ese día el objeto de su devoción y esperanza. Y es el día en que los creyentes reciben su recompensa. El pretribulacionismo coloca el juicio de recompensas *entre* el rapto y la revelación. Aquí, se encuentra en la epifanía, que es lo mismo que la revelación, al final de la tribulación.

Tito 2:13-14 refuerza esta línea de pensamiento: «aguardando la esperanza bienaventurada y la *manifestación* gloriosa de nuestro gran Dios y Salvador Jesucristo, quien se dio a sí mismo por nosotros para redimirnos de toda iniquidad y purificar para sí un pueblo propio, celoso de buenas obras». La esperanza bendita de la iglesia es la epifanía de la gloria de nuestro Dios y Salvador Jesucristo.

Este es un lenguaje extraño si consideramos que el rapto de la iglesia, cuando seamos arrebatados para encontrarnos con Cristo en el aire, está separado de su revelación y su epifanía por un período considerable de tiempo, porque según el pretribulacionismo, la venida de Cristo al final de la tribulación no tiene nada que ver con la recompensa de sus santos o con la salvación de los justos. Los muertos ya han sido resucitados y los vivos, trasladados a sus cuerpos resucitados. El juicio de las obras ha pasado y las recompensas de Cristo se han distribuido a sus siervos fieles. La revelación y la epifanía de Cristo al final de la tribulación tienen como objeto el juicio y no la salvación. Sin embargo, de acuerdo con la Palabra de Dios, esta epifanía es nuestra esperanza bendita; es el momento en que seremos recompensados; es el momento en que seremos redimidos de toda iniquidad y purificados para convertirnos en la posesión perfecta de Dios; es la esperanza bendita de la unión perfecta en comunión con Cristo. ¿No parece entonces que el rapto de la iglesia debe tener lugar en la epifanía, y no siete años antes?

Ciertamente, si uno entiende algo del lenguaje, no se puede distinguir entre la parusía, la revelación y la epifanía de nuestro Señor. Son el mismo acontecimiento. Además, como ya hemos indicado, aunque se argumenta que la parusía significa «presencia» y, por lo tanto, cubre todo el período introducido por su venida a arrebatar a la iglesia, queda claro por el uso que la Escritura hace de las palabras «revelación» y «manifestación» que la revelación de Cristo no es un suceso que tiene que ver exclusivamente con el juicio. *También es el día en el que se establece la esperanza del creyente cuando entre en las bendiciones completas de la salvación en la segunda venida de Cristo.*

Solo podemos concluir que la distinción entre el rapto de la iglesia y la revelación de Cristo es una inferencia que la Palabra de Dios no afirma en ninguna parte y no es requerida por la terminología relacionada con el regreso de Cristo. Por el contrario, si se ha de hacer alguna inferencia, la terminología sugiere que la revelación de Cristo es, como el rapto, el día de la salvación del creyente cuando entre en comunión consumada con el Señor y reciba su recompensa de la mano del Señor. La parusía, la revelación y la epifanía parecen ser un solo acontecimiento. Cualquier división de la venida de Cristo en dos partes es una inferencia no probada.

> La parusía, la revelación y la epifanía parecen ser un solo acontecimiento. Cualquier división de la venida de Cristo en dos partes es una inferencia no probada.

Que incluso los pretribulacionistas se sientan avergonzados por tratar de separar la segunda venida de Cristo en dos sucesos o incluso en dos partes separadas puede verse en la opinión de uno de los escritores más recientes de esta escuela que sostiene que el regreso de Cristo por su iglesia no es la segunda venida de Cristo. Este punto de vista distingue entre el *regreso* de Cristo y su *segunda venida*. Esta es una distinción completamente injustificada. No se busca apoyo en las palabras que se usan para describir el regreso de Cristo. Las palabras «regreso» y «segunda venida» no son palabras propiamente bíblicas en el sentido de que las dos palabras no representan ninguna palabra griega equivalente. No hay ninguna diferencia en los conceptos que se transmiten a la mente por las palabras «regreso» y «venida». En otras palabras, es una distinción artificial e imposible. La parusía de Cristo es su regreso; su regreso es su venida; su venida es su segundo advenimiento.

El vocabulario usado para el regreso de nuestro Señor no brinda apoyo para la idea de dos venidas de Cristo o de dos aspectos de su venida. Por el contrario, confirma la opinión de que el regreso de Cristo será un acontecimiento único, indivisible y glorioso.

EL ANTICRISTO Y LA GRAN TRIBULACIÓN

Hemos visto que en el centro del ministerio de nuestro Señor hubo una lucha feroz entre él y los poderes de Satanás. En el discurso en el monte de los Olivos, Jesús dejó en claro que sus discípulos estarían expuestos al mal demoníaco que asola esta era. Aunque Jesús había derrotado a Satanás de forma definitiva, el reino de Dios no conquistaría el reino de Satanás hasta la segunda venida de Cristo. En efecto, a pesar de que Dios había invadido la historia a través de Cristo, y a pesar de que la misión de los discípulos de Jesús era evangelizar al mundo entero (Mt 24:14), el mundo seguiría siendo un lugar maligno. Surgirían falsos cristos que engañarían a muchos. Continuarían las guerras, las luchas y la persecución. Abundaría la maldad para enfriar el amor de muchos. De hecho, el conflicto entre los reinos de Dios y de Satanás llegaría a un final impetuoso con la aparición del anticristo al final de los tiempos.

La idea del anticristo aparece claramente por primera vez en la Biblia en el Libro de Daniel. La venida del anticristo fue anticipada por una serie de acontecimientos que ocurrieron en el año 168 a. C. Después del regreso de los judíos de Babilonia, Israel se convirtió en un estado tapón entre Egipto al sur y Siria al norte. Tanto los ptolomeos de Egipto como los seléucidas de Siria eran griegos que provenían de Alejandro Magno. En el año 168 a. C., Palestina estaba bajo el dominio de los seléucidas sirios. Su rey, Antíoco Epífanes, decidió tomar un rumbo drástico al tratar de asimilar a los judíos a su cultura helenística. Envió emisarios por toda la región para proclamar que se prohibía la religión judía, que se destruirían las copias del Antiguo Testamento, que se sacrificaría un cerdo en el gran altar del templo de Jerusalén y que se volvería a dedicar el templo a un dios griego. El libro de 1 Macabeos nos da un relato vívido de esos hechos y habla de la profanación del altar del templo como la abominación desoladora de Daniel.

Daniel 11 refleja estos acontecimientos. Los versículos 3-4 se refieren a Alejandro Magno y la división de su reino en cuatro partes. Los versículos 5-20 se refieren a las guerras entre los reyes del sur (Egipto) y del norte (Siria) por el dominio de la Tierra Santa. Los versículos 21-35 se refieren al surgimiento de Antíoco Epífanes y su persecución a los judíos.

Sin embargo, en el versículo 36 parece haber un cambio de tema que va más allá de Antíoco y se refiere al mismo anticristo, de quien Antíoco era un tipo. «Y el rey hará su voluntad, y se ensoberbecerá, y se engrandecerá sobre todo dios; y contra el Dios de los dioses hablará maravillas...» (11:36). Esto va más allá de lo que hizo Antíoco; él solo intentó que los judíos adoraran a sus dioses griegos; pero el anticristo «Del Dios de sus padres no hará caso […]; ni respetará a dios alguno, porque sobre todo se engrandecerá» (11:37). Aquí se revela el carácter básico del anticristo; se arroga todo el poder divino y «recompensa» la adoración de los hombres.

La idea del anticristo también aparece en Daniel 7:25: «Y hablará palabras contra el Altísimo, y a los santos del Altísimo quebrantará...».

Antes de dejar a Daniel, debemos examinar un pasaje que es uno de los favoritos de la teología dispensacionalista del anticristo. Este es el famoso pasaje de Daniel 9:24-27. El versículo importante es el 27:

> Setenta semanas están determinadas sobre tu pueblo y sobre tu santa ciudad, para terminar la prevaricación, y poner fin al pecado, y expiar la iniquidad, para traer la justicia perdurable, y sellar la visión y la profecía, y ungir al Santo de los santos. Sabe, pues, y entiende, que desde la salida de la orden para restaurar y edificar a Jerusalén hasta el Mesías Príncipe, habrá siete semanas, y sesenta y dos semanas; se volverá a edificar la plaza y el muro en tiempos angustiosos. Y después de las sesenta y dos semanas se quitará la vida al Mesías, mas no por sí; y el pueblo de un príncipe que ha de venir destruirá la ciudad y el santuario; y su fin será con inundación, y hasta el fin de la guerra durarán las devastaciones. Y por otra semana confirmará el pacto con muchos; a la mitad de la semana hará cesar el sacrificio y la ofrenda. Después con la muchedumbre de las abominaciones vendrá el desolador, hasta que venga la consumación, y lo que está determinado se derrame sobre el desolador. (Dn 9:24-27)

Los dispensacionalistas interpretan esto en términos del anticristo y sus relaciones con Israel. Se supone que Israel ha regresado a Palestina como nación, ha reconstruido el templo y ha restablecido el sistema de sacrificios. El anticristo hace un pacto con Israel que durará siete años (se cree que una semana de siete días son siete años), pero a la mitad de los siete años romperá su pacto, interrumpirá los sacrificios en Jerusalén y lanzará una terrible persecución contra el pueblo judío. Este pasaje con su interpretación dispensacionalista es fundamental para ese sistema de escatología.

Sin embargo, no está del todo claro si esta interpretación es correcta. Muchos eruditos evangélicos creen que la interpretación mesiánica se ajusta mejor al lenguaje que la escatológica. Revela el propósito redentor de Dios de «terminar la prevaricación», es decir, sellar y quitar el pecado como si ya no existiera; «poner fin al pecado, y expiar la iniquidad», es decir, la muerte de Jesús en la cruz; «traer la justicia perdurable», es decir, la justicia como el regalo de Dios mediante la muerte de su Hijo; «sellar la visión y la profecía», es decir, que Jesús ponga fin a la era del Antiguo Testamento; «ungir al Santo de los santos», es decir, la unción del Mesías con el Espíritu de Dios.

Hay muchas razones para entender que la muerte del Mesías en el versículo 26 se refiere a la muerte de Cristo y a su total rechazo. El versículo luego describe el destino de la ciudad en el momento de la muerte del Mesías. «... el pueblo de un príncipe que ha de venir destruirá la ciudad y el santuario...» bien puede referirse a la total destrucción de Jerusalén y su templo en el año 70 d. C. por Tito Vespasiano, quien más tarde se convirtió en emperador de Roma. «... hasta el fin...» de la destrucción, la guerra y la desolación continuarán.

Las palabras del versículo 27: «Y por otra semana confirmará el pacto con muchos...» no tienen sujeto. Los dispensacionalistas creen que el sujeto es el anticristo. Sin embargo, el vocabulario del texto hebreo no es el que habitualmente se usa para hablar de un pacto. Una traducción literal debería decir: «Él hará que prevalezca el pacto». La interpretación mesiánica cree que el sujeto es Cristo, quien confirma y cumple el pacto ya existente para que sus términos y condiciones sean ahora más efectivos. Este es el pacto en la sangre de Jesús que cumple el pacto hecho con Abraham (Gá 3:17). Con su muerte «... hará cesar el sacrificio y la ofrenda...»: su muerte pondrá fin al sistema de sacrificios judío (ver He 8:13). Como resultado o consecuencia de la muerte del Mesías, un desolador (el príncipe romano, Tito) aparece en la muchedumbre de las abominaciones, que se refiere al pináculo del templo (Lc 4:9); el templo mismo, que, después de rasgarse el velo (Mr 15:38), ya no tendrá lugar en el plan divino (He 10:8-18) y se volverá abominable e inaceptable para el Señor. Estas palabras indican la completa destrucción del templo. Este estado de destrucción continuará incluso hasta que la consumación o el «final completo», que ha sido determinado por Dios, se haya derramado sobre la desolación (es decir, las ruinas del templo y Jerusalén).

Cuando nos dirigimos al Nuevo Testamento, encontramos por primera vez la idea del anticristo en el discurso del monte de los Olivos, registrado en Mateo 24, Marcos 13 y Lucas 21. Para nuestro propósito actual, limitaremos nuestra discusión principalmente a Mateo.

Los discípulos le preguntan a Jesús cuándo será destruido el templo y cuál será la señal de su segunda venida y el fin de los tiempos. Mateo se limita, en gran parte, a la primera pregunta; Lucas está más interesado en la destrucción de Jerusalén por los ejércitos romanos (ver Lc 21:20). Pero al igual que en Daniel, donde la aparición del rey griego Antíoco Epífanes es un tipo de anticristo escatológico, la llegada de los ejércitos romanos al mando de Tito para arrasar el templo es también un tipo de anticristo escatológico.

Mateo 24 se divide en tres partes. Los versículos 3-14 describen la característica de la era hasta su fin. El tema principal es que el reino de Dios no se establecerá antes de la segunda venida de Cristo. Las guerras, las hambrunas, los terremotos y los falsos mesías marcarán el curso de la era. Como ya hemos visto, esta era presente es una era llena de maldad (Gá 1:4); Satanás es su

> El seguidor de Jesús debe esperar el mismo trato que recibió Jesús.

dios (2 Co 4:4). Sin embargo, estos sucesos no pretenden ser señales a través de las cuales podamos calcular la proximidad del fin. De hecho, estas señales se verán, «... pero aún no es el fin» (Mt 24:6). Estos males serán «... principio de dolores» (Mt 24:8).

Además de los males que caracterizarán la época, los discípulos de Jesús sufrirán persecución. «Entonces os entregarán a tribulación, y os matarán, y seréis aborrecidos de todas las gentes por causa de mi nombre» (Mt 24:9). El seguidor de Jesús debe esperar el mismo trato que recibió Jesús. «El discípulo no es más que su maestro, ni el siervo más que su señor. Bástale al discípulo ser como su maestro, y al siervo como su señor. Si al padre de familia llamaron Beelzebú, ¿cuánto más a los de su casa?» (Mt 10:24-25). «... En el mundo tendréis aflicción; pero confiad, yo he vencido al mundo» (Jn 16:33).

Sin embargo, esta era no será una era de maldad absoluta. «Y será predicado este evangelio del reino en todo el mundo, para testimonio a todas las naciones; y entonces vendrá el fin» (Mt 24:14). En todo el mundo, con sus males y hostilidad, los discípulos de Jesús deben anunciar las buenas nuevas de que el reino de Dios ha llegado (Mt 12:28), y aún está por llegar en poder y gloria.

Algunos maestros de la Biblia nos dicen que este versículo no pertenece a la iglesia, sino al remanente judío salvado en el tiempo de la gran tribulación. Sin embargo, este punto de vista se infiere a partir del texto; no se encuentra en el texto.

En los versículos 15-28, Jesús habla de los acontecimientos que acompañarán al fin. Primero habla del anticristo con palabras muy difíciles. «Por tanto, cuando veáis en el lugar santo la abominación desoladora de que habló el profeta Daniel (el que lee, entienda)» (Mt 24:15). Estas palabras están tomadas de Daniel 11:31 y refieren a la profanación que cometió Antíoco Epífanes en el templo de Jerusalén (ver arriba, pp. 65-67). Sabemos por el versículo paralelo en Lucas 21:20 que también se refiere a la destrucción de Jerusalén por los ejércitos romanos en el 70 d. C., quienes profanaron el templo al traer a sus recintos los odiados estandartes paganos. Más allá de eso, se refiere al anticristo escatológico que se levantará en el fin de los tiempos, del cual tanto Antíoco como Roma fueron presagios. Que él esté «en el lugar santo» significa que él exige la adoración de las personas (ver más adelante en 2 Ts 2).

La aparición del anticristo iniciará una terrible persecución a los seguidores de Jesús. «Porque habrá entonces gran tribulación, cual no la ha habido desde el principio del mundo hasta ahora, ni la habrá» (Mt 24:21). De aquí surge la frase «La gran tribulación». El punto que debemos señalar aquí es que esto no es nada nuevo. Jesús ya les ha dicho a sus discípulos que sufrirán persecución en el mundo. De hecho, una de las exigencias más centrales de Jesús a sus discípulos es que estén dispuestos a tomar su cruz. «Y el que no toma su cruz y sigue en pos de mí, no es digno de mí» (Mt 10:38). «… Si alguno quiere venir en pos de mí, niéguese a sí mismo, y tome su cruz, y sígame» (Mt 16:24). El significado de esto es claro. «Porque todo el que quiera salvar su vida, la perderá; y todo el que pierda su vida por causa de mí, la hallará» (Mt 16:25). La cruz no es principalmente una carga (aunque sí lo es); es, antes que nada, un instrumento de muerte. Jesús exige a los que le siguen que arriesguen sus vidas; deben estar dispuestos a sufrir como sufrió Jesús. Deben estar dispuestos literalmente a perder la vida. Entre el mundo y los discípulos de Jesús existe una enemistad implacable.

Es cierto que en Estados Unidos experimentamos poca hostilidad; de hecho, en muchas ciudades, es bueno para los negocios y para la posición social que uno sea miembro de alguna iglesia. Este hecho

> Jesús ya les ha dicho a sus discípulos que sufrirán persecución en el mundo.

> Entre el mundo y los discípulos de Jesús existe una enemistad implacable.

ha adormecido a muchos cristianos con el sentimiento de que Dios no podría permitir que su pueblo sufriera una persecución tan devastadora. Aprecian la doctrina del «rapto antes de la tribulación», la creencia de que la iglesia será arrebatada del mundo en el rapto antes de que comience la gran tribulación. El presente autor ha dedicado un libro completo a este tema (ver G. E. Ladd, *The Blessed Hope* [La esperanza bienaventurada], Gran Rapids, MI: Eerdmans Publishing Company, 1956) en el que argumentó que la esperanza del cristiano es «... la manifestación gloriosa de nuestro gran Dios y Salvador Jesucristo» (Tit 2:13), no escapar de la tribulación. Interactuando con este libro, el doctor John Walvoord ha escrito: «El hecho es que ni el postribulacionismo ni el pretribulacionismo son enseñanzas explícitas de la Escritura. La Biblia tampoco las afirma de manera inequívoca».[1] Esta es una cita exacta de mi copia del libro de Walvoord. Esta confesión fue eliminada del libro en las ediciones posteriores).

Sea como sea, está claro que Jesús enseñó que todo lo que sus discípulos podían esperar en el mundo era tribulación y persecución. De hecho, Jacobo, el hermano de Juan, fue el primer apóstol que se convirtió en mártir (Hch 12:2), y una tradición probablemente fidedigna dice que más tarde Nerón mandó a crucificar a Pedro en Roma. La única diferencia entre el papel normal del cristiano en el mundo y el tiempo de la gran tribulación es la intensidad de la persecución. No hay diferencia en la teología de la tribulación. Jesús dijo: «Y si aquellos días no fuesen acortados, nadie sería salvo; mas por causa de los escogidos, aquellos días serán acortados» (Mt 24:22). Dios cuidará de los suyos, incluso en sus horas más oscuras.

---

1. John Walvoord, *The Rapture Question* (Dunham Publishing Company, 1957), p. 148

Esto se expresa de manera diferente en Lucas, quien, al describir la característica de la era antes del regreso de Cristo, dice: «Mas seréis entregados aun por vuestros padres, y hermanos, y parientes, y amigos; y matarán a algunos de vosotros; [...].

> Dios cuidará de los suyos, incluso en sus horas más oscuras.

Pero ni un cabello de vuestra cabeza perecerá» (Lc 21:16-18). ¿Cómo se pueden salvar los cabellos de mi cabeza si me quitan la cabeza? El significado es obvio: «... no temáis a los que matan el cuerpo, mas el alma no pueden matar...» (Mt 10:28). Es evidente a la luz de la eternidad que no importa cuántos años viva, ni cuándo ni cómo muera mi cuerpo; lo importante es la relación de mi alma con Jesucristo. Así que Dios mantendrá a los suyos a salvo del daño (espiritual), incluso en tiempos de feroz persecución y de martirio sin igual.

En los versículos 29-35, Jesús habla de la venida del Hijo del Hombre sobre las nubes del cielo, a lo que usualmente nos referimos como la segunda venida de Cristo. Será un acontecimiento cósmico que sacudirá los cimientos del mundo creado. La teología central de la venida del Hijo del Hombre celestial es que los hombres no pueden construir el reino de Dios, ni la historia puede ocasionarlo. La historia, hasta el final, será testigo del conflicto entre el reino de Dios y el mundo, que se manifestará en tribulación y persecución. Solo un acto cósmico de Dios, irrumpiendo en la historia desde fuera de la historia, puede establecer su reino.

Entonces «... enviará sus ángeles con gran voz de trompeta, y juntarán a sus escogidos, de los cuatro vientos, desde un extremo del cielo hasta el otro» (Mt 24:31). Esto es lo que generalmente se llama el «Rapto» de la iglesia. Pablo lo pone en palabras algo diferentes, pero tiene el mismo pensamiento. Inmediatamente después de la resurrección de los santos muertos, que Mateo no menciona, «... nosotros los que vivimos, los que hayamos quedado, seremos arrebatados [raptados] juntamente con ellos [los resucitados] en las nubes para recibir al Señor en el aire…» (1 Ts 4:17). De hecho, la palabra que se usa tanto en Mateo 24:31, «juntarán», como en 2 Tesalonicenses 2:1, «nuestra reunión», para encontrarnos con él tienen la misma raíz.

Lo importante que debemos destacar aquí es que la única venida de Cristo que se menciona en Mateo 24 es la venida del glorioso Hijo del Hombre *después de la tribulación* y lo único que se asemeja al rapto es la reunión de los elegidos de los cuatro vientos. No hay un indicio de la idea de un regreso de Cristo antes de la tribulación y el rapto de la iglesia antes de la gran tribulación. Ambos acontecimientos ocurren claramente después de la tribulación. Los pretribulacionistas que abogan por una venida secreta de Cristo para arrebatar a la iglesia en algún momento antes de la gran tribulación lo hacen infiriendo algo a partir del texto de Mateo 24. Sin embargo, el texto guarda un silencio absoluto sobre dicho suceso.

El otro pasaje que habla sobre el anticristo es el complicado pasaje de 2 Tesalonicenses 2. En 1 Tesalonicenses, Pablo ha descrito la segunda venida de Cristo para resucitar a los santos muertos y arrebatar a los santos vivos, y abre el segundo capítulo de 2 Tesalonicenses refiriéndose a lo que había escrito en la primera carta: «Pero con respecto a la venida de nuestro Señor Jesucristo, y nuestra reunión con él…» (2 Ts 2:1). Luego continúa diciendo: «… porque no vendrá sin que antes venga la apostasía, y se manifieste el hombre de pecado, el hijo de perdición» (2 Ts 2:3). Esto no puede ser más claro. El regreso del Señor y el rapto de la iglesia deben ser precedidos por una gran revuelta contra Dios y por la aparición del hombre de pecado, el anticristo.

Aquí, se revelan varias características sobre el anticristo que no aparecen ni en Daniel ni en los Evangelios. Es el hombre de «pecado»; se opone a toda ley, tanto de Dios como del hombre, excepto a la suya propia. Hemos visto este fenómeno en los estados totalitarios de los tiempos modernos. Satanás le dará gran poder y parecerá que hace señales y maravillas. Será apoyado por muchos seguidores que son llamados la «rebelión», la «apostasía», es decir, que están en contra de Dios, pero no hay razón para pensar que significa una gran apostasía en la iglesia cristiana. Se opondrá y se exaltará «… contra todo lo que se llama Dios o es objeto de culto…» (2:4). Es decir, no solo exige el apoyo político de sus seguidores; también exigirá la veneración religiosa universal. Además, esto se ve reforzado por la declaración, «… se sienta en el templo de Dios como Dios, haciéndose pasar por Dios» (2:4). El significado general de estas palabras es claro, incluso si su significado preciso es difícil. Los dispensacionalistas sostienen que esto se refiere al templo judío reconstruido en Jerusalén donde el anticristo romperá su pacto con los judíos y exigirá su adoración. Sin embargo, las palabras no deben tomarse tan literalmente. El Antiguo Testamento ve al cielo como el trono de Dios. «Jehová dijo así: El cielo es mi trono, y la tierra estrado de mis pies…» (Is 66:1; cp. Mi 1:2). «Mas Jehová está en su santo templo; calle delante de él toda la tierra» (Hab 2:20). En Isaías 14:13, la idea de reclamar el derecho del trono celestial de Dios se atribuye a un tirano sin nombre. «Tú que decías en tu corazón: Subiré al cielo; en lo alto, junto a las estrellas de Dios, levantaré mi trono, y en el monte del testimonio me sentaré, a los lados del norte; sobre las alturas de las nubes subiré, *y seré semejante al Altísimo*» (Is 14:13-14). En este contexto, el lenguaje en 2 Tesalonicenses puede ser una forma metafórica de describir cómo el hombre de pecado trata de usurpar el lugar de Dios y exigir que los hombres lo adoren a él en lugar de al Señor.

El pensamiento en 2:6-7 es muy difícil: «Y ahora vosotros sabéis lo que lo detiene, a fin de que a su debido tiempo se manifieste. Porque ya está en acción el misterio de la iniquidad; sólo que hay quien al presente lo detiene, hasta que él a su vez sea quitado de en medio». Hay algún principio que restringe al hombre de pecado, encarnado en una persona; este principio debe ser quitado del camino para dar lugar al hombre de pecado.

Los dispensacionalistas creen que es el Espíritu Santo, que será quitado del mundo cuando la iglesia sea arrebatada antes de que aparezca el anticristo. Sin embargo, dado que los dispensacionalistas sostienen que el período de la tribulación será un tiempo de salvación para muchos gentiles, es difícil creer que esto se refiera al Espíritu Santo.

La interpretación clásica, bastante satisfactoria, es que el poder obstaculizador es el principio de ley y orden encarnado en el Imperio romano con el emperador a la cabeza. Pablo nos dice en Romanos 13:1-7 que dichos gobiernos son instituciones divinamente ordenadas. La función del gobierno, como Dios lo ha ordenado, es recompensar la buena conducta y castigar el mal. Como tal, un gobernante es «servidor de Dios para tu bien» (Ro 13:4).

Este principio puede ilustrarse con la propia experiencia de Pablo. Más de una vez la mano justa de los representantes de Roma lo liberaron de la ira de la multitud judía. Uno de los casos más destacados fue su experiencia en Corinto. Galión acababa de llegar a Corinto como gobernador romano de la provincia, y los judíos aprovecharon esta situación como una oportunidad para ponerlo a prueba. Arrastraron a Pablo ante su tribunal y lo acusaron de subvertir a los judíos de sus prácticas religiosas. Antes de que Pablo pudiera defenderse, Galión dijo: «... Si fuera algún agravio o algún crimen enorme, oh judíos, conforme a derecho yo os toleraría. Pero si son cuestiones de palabras, y de nombres, y de vuestra ley, vedlo vosotros; porque yo no quiero ser juez de estas cosas. Y los echó del tribunal» (Hch 18:14-16).

Cuando el estado funciona de esta manera, funciona como una agencia con aprobación divina. La antítesis de esto se ve en 2 Tesalonicenses en el principio de iniquidad: la deificación del estado y sus gobernantes para que ya no sea un instrumento de ley y orden, sino un sistema totalitario que desafía a Dios y exige la adoración de los hombres. Entonces los hombres ya no son castigados por hacer el mal, sino por hacer el bien. Este es el estado demoníaco. Pablo ve un día en que el estado de derecho colapsará, cuando el orden político sea abatido y ya no pueda restringir el principio de iniquidad. Entonces, las últimas defensas que el Creador ha erigido contra los poderes del caos se derrumbarán por completo. Esto puede entenderse en el principio de deificación del estado a pesar de la ordenanza divina. Los principios de orden e iniquidad pueden actuar al mismo tiempo, incluso en el mismo estado. Estos dos principios estarán en conflicto durante el transcurso de la era. Al final, la ley y el orden se derrumbarán, la iniquidad demoníaca estallará y la iglesia sufrirá un breve período de terrible maldad que terminará rápidamente con el regreso de Cristo.

La misma imagen básica del anticristo se encuentra en la bestia de Apocalipsis 13. Como hemos visto, durante los viajes misioneros de Pablo, Roma era amiga de los cristianos; pero bajo el gobierno de Nerón, la situación cambió radicalmente y los cristianos sufrieron una persecución breve pero feroz. El estado, en lugar de una ordenanza divina, se había convertido en un estado demoníaco. Apocalipsis 13 tiene un doble cumplimiento. Así como Daniel predice tanto al Antíoco griego como al anticristo escatológico, y así como nuestro Señor en el discurso del monte de los Olivos tenía en vista tanto la caída de Jerusalén como el anticristo escatológico, Apocalipsis 13 describe primero a Roma y luego, más allá de Roma, al anticristo escatológico.

Como en 2 Tesalonicenses, Satanás es visto como el poder detrás de la bestia. De hecho, la bestia surge del mar en respuesta al llamado del dragón, Satanás (Ap 12:17). No podemos entrar en detalles sobre la bestia. Sin embargo, debemos mencionar que, además de recibir el poder de Satanás, su principal objetivo es exigir la adoración de los hombres (Ap 13:4).

Además de esto, a la bestia se le permitió hacer guerra contra los santos y vencerlos (13:7). «... También se le dio autoridad sobre toda tribu, pueblo, lengua y nación. Y la adoraron todos los moradores de la tierra cuyos nombres no estaban escritos en el libro de la vida del Cordero que fue inmolado desde el principio del mundo» (13:7-8).

> ¿De qué lado están los hombres? ¿Pertenecen a Cristo o al anticristo?

Aquí se describe claramente la cuestión. ¿De qué lado están los hombres? ¿Pertenecen a Cristo o al anticristo? A la bestia se le da poder para «vencer», para matar a cualquiera que no la adore.

Sin embargo, hay otra cara de la moneda. En el capítulo 15, Juan ve a los mártires de pie junto al mar de vidrio ante el trono de Dios con arpas de Dios en sus manos. Estos son «... los que habían alcanzado la victoria sobre la bestia y su imagen...» (Ap 15:2). La bestia los ha vencido en el martirio, pero en ese mismo martirio, *ellos han alcanzado la victoria sobre la bestia*, porque esta no pudo lograr que negaran a Cristo. Esta es su victoria: la lealtad a Cristo en la tribulación.

Todavía hay otra cara de la gran tribulación que se revela solo en el Apocalipsis. Será el momento del derramamiento de la ira de Dios sobre la bestia y sus adoradores. Esto está descrito en un lenguaje muy simbólico. Se tocan siete trompetas sucesivamente y se vacían siete copas de ira sobre los hombres. Con cada trompeta y cada copa, una plaga diferente cae sobre los hombres.

En la víspera de la tribulación, Juan ve dos compañías de hombres. La primera se describe como doce mil hombres de cada una de las doce tribus de Israel. Están sellados en la frente con el sello de Dios; los adoradores de la bestia fueron sellados con su sello en las manos (13:16). Los ciento cuarenta y cuatro mil están sellados *para estar protegidos de la ira de Dios*. Esto se declara de forma explícita dos veces. La plaga de la quinta trompeta se derrama «... solamente [sobre] los hombres que no tuviesen el sello de Dios en sus frentes (9:4). La segunda copa se derrama solo «... sobre los hombres que tenían la marca de la bestia, y que adoraban su imagen» (16:2).

¿Quiénes son estos 144.000? La primera respuesta que se sugiere es que son literalmente judíos y representan la salvación del pueblo judío. Sin embargo, es imposible que estos sean literalmente judíos, porque las doce tribus enumeradas simplemente no son las doce tribus de Israel. Dan se omite por completo; y Dan es la primera tribu mencionada en la división de la tierra en Ezequiel 48:1. Además, también se omite la tribu de Efraín, pero se incluye indirectamente porque José fue el padre tanto de Efraín como de Manasés. Esto significa que, en realidad, la tribu de Manasés está incluida dos veces.

¿Qué quiere decir Juan cuando enumera doce tribus de Israel que son Israel, pero no son el Israel literal? Nos da una pista en 2:9 donde habla de «... los que se dicen ser judíos, y no lo son, sino sinagoga de Satanás. Ver también 3:9: «He aquí, yo entrego de la sinagoga de Satanás a los que se dicen ser judíos y no lo son...». Aquí hay un hecho claro: eran personas que se llamaban a sí mismas judíos y, de hecho, eran realmente judíos; sin embargo, en el sentido espiritual, no eran en realidad judíos, sino que constituían una sinagoga de Satanás. En estos versículos, Juan hace una distinción clara entre judíos literales y judíos espirituales. Podemos creer que Juan enumeró deliberadamente a los 144.000 en una lista irregular de tribus para decir que aquí están aquellos que son verdaderos judíos espirituales sin ser judíos literales: en otras palabras, la iglesia.

Hemos visto que los 144.000 fueron sellados para que pudieran estar protegidos de la ira de Dios. Esto nos recuerda a Israel en Egipto. Estaban en Egipto, pero no sufrieron la ira de Dios como la sufrieron los egipcios. Asimismo, el pueblo de Dios ha sido liberado de la ira; pero como hemos visto anteriormente en este capítulo, la verdadera iglesia no debe escapar de la tribulación y la persecución. Aunque serán martirizados, ninguno se perderá de verdad; Dios ha sellado a su pueblo y lo mantendrá a salvo incluso en el martirio. Esto nos recuerda una vez más lo que dice Lucas 21:16-18: «... y matarán a algunos de vosotros [...]. Pero ni un cabello de vuestra cabeza perecerá». Así que los 144.000 son la iglesia en el umbral de la gran tribulación: el pueblo de Dios contado y preservado. El número 144.000, como otros números en Apocalipsis, es un número simbólico que representa la completitud.

La segunda multitud describía a las mismas personas, a los 144.000, vistos desde un punto de vista diferente. Ellos son la iglesia que, desde la perspectiva humana, es una muchedumbre innumerable de todas las naciones y lenguas. Ahora se los ve como mártires de la gran tribulación; se los ve de pie ante el trono de Dios vestidos con ropas blancas, cantando un himno de alabanza «... La salvación pertenece a nuestro Dios que está sentado en el trono, y al Cordero». Más adelante se los identifica así: «... Estos son los que han salido de la gran tribulación, y han lavado sus ropas, y las han emblanquecido en la sangre del Cordero» (7:14). Su martirio es el camino hacia la gloria y la bienaventuranza eternas.

— 7 —

LA RESURRECCIÓN
Y EL RAPTO

Hemos visto en nuestro capítulo sobre el estado intermedio que los israelitas no tenían ninguna doctrina sobre la inmortalidad del alma ni sobre su salvación. En el Antiguo Testamento, encontramos solo unos pocos atisbos de la confianza de los hebreos en que su Dios era el maestro de la muerte y, por lo tanto, incluso la muerte no podía quebrantar la comunión que el pueblo de Dios había disfrutado con él mientras vivía en la carne.

Sin embargo, hay algo más para decir. En el Antiguo Testamento surge con claridad la confianza en la resurrección. Como la existencia del cuerpo es esencial para el hombre, encontramos algunas referencias a la esperanza de la resurrección corporal. La primera aparece en Isaías, aunque con palabras algo ambiguas: «Destruirá a la muerte para siempre; y enjugará Jehová el Señor toda lágrima de todos los rostros; y quitará la afrenta de su pueblo de toda la tierra; porque Jehová lo ha dicho» (Is 25:8). La resurrección aparece de forma inequívoca en Daniel. «Y muchos de los que duermen en el polvo de la tierra serán despertados, unos para vida eterna, y otros para vergüenza y confusión perpetua» (Dn 12:2).

El judaísmo en el período intertestamentario desarrolló esta esperanza en la resurrección corporal, pero no es nuestro objetivo contar esta historia aquí. Aquellos que estén interesados la encontrarán explicada con lujo de detalle en mi libro *Creo en la resurrección de Jesús* (Miami, FL: Editorial Caribe, 1977).

Cuando vamos al Nuevo Testamento, encontramos explicada con mayor claridad la esperanza de alguna existencia bendita después de la muerte (ver capítulo 3). No obstante, este no es el objetivo de la salvación, e incluso el Nuevo Testamento nos deja con muchas preguntas sin respuesta. Como la corporeidad es esencial para la existencia humana, la salvación implica la salvación de *todo el hombre*. «Mas nuestra ciudadanía está en los cielos, de donde también esperamos al Salvador, al Señor Jesucristo; el cual transformará el cuerpo de la humillación nuestra, para que sea semejante al cuerpo de la gloria suya, por el poder con el cual puede también sujetar a sí mismo todas las cosas» (Fil 3:20-21).

> Como la corporeidad es esencial para la existencia humana, la salvación implica la salvación de *todo el hombre*.

En el Nuevo Testamento, la idea y la esperanza de la resurrección se centran por completo en la resurrección de Jesús. Los Evangelios registran que en tres ocasiones Jesús resucitó a los muertos (a la hija de Jairo, al hijo de la viuda de Naín y a Lázaro). Sin embargo, no se trataba de resurrecciones, sino de resucitaciones: los muertos fueron devueltos a la existencia *física*, mortal y, probablemente, tras un período normal de años, sucumbieron de nuevo ante la muerte. No es el caso de la resurrección de Jesús. Su resurrección significa que «… quitó la muerte y sacó a luz la vida y la inmortalidad por el evangelio» (2 Ti 1:10).

Los Evangelios nos dicen que Jesús intentó preparar a sus discípulos para su muerte venidera y posterior resurrección. Después de la confesión de Pedro en Cesarea de Filipo de que Jesús era el Mesías, «comenzó a enseñarles que le era necesario al Hijo del Hombre padecer mucho, y ser desechado por los ancianos, por los principales sacerdotes y por los escribas, y ser muerto, y resucitar después de tres días» (Mr 8:31; cp. 9:31; 10:34, etc.). Uno puede preguntarse: si esto es cierto, ¿por qué los discípulos estaban tan abatidos cuando Jesús fue apresado, condenado y crucificado? La respuesta es que en la idea judía contemporánea del Mesías no había lugar para la muerte. La idea del Mesías deriva de Isaías 11, que incluye la promesa: «… y herirá la tierra con la vara de su boca, y con el espíritu de sus labios matará al impío» (Is 11:4). «Mesías» significa «ungido», es decir, el rey davídico prometido, ungido y conquistador. Su misión sería matar a los impíos, no ser asesinado por ellos. Es de primordial importancia darse cuenta de que los judíos no interpretaban la imagen del Siervo Sufriente de Isaías 53 como la del Mesías. La realidad es que en ninguna parte de este capítulo se llama Mesías al Sufriente. La idea judía del Mesías aparece con claridad en el Evangelio de Juan. Después del milagro de la alimentación de los cinco mil, la gente se agolpó alrededor de él para «apoderarse de él y hacerle rey» (Jn 6:15). Un hombre con poderes tan maravillosos podía con seguridad dirigir a los judíos en una conquista victoriosa sobre los ejércitos romanos.

Es un simple hecho psicológico que la gente no aprende las lecciones hasta que está preparada para ellas. Así que los discípulos de Jesús nunca entendieron su muerte hasta después de la resurrección, porque la cruz era, y sigue siendo, «… para los judíos ciertamente tropezadero…» (1 Co 1:23). Por esta razón, el registro de los Evangelios tiene sentido desde el punto de vista psicológico.

Debemos hacer hincapié en que la resurrección de Jesús no fue una resucitación, es decir, un regreso a la vida física y mortal. Ya hemos citado a Pablo en el sentido de que la resurrección de Jesús significa el surgimiento de la vida eterna y la inmortalidad en el plano de la historia. Nadie vio a Jesús resucitar de entre los muertos, sino que se apareció a sus discípulos; ellos lo vieron *después* de su resurrección. Sin embargo, nadie fue testigo de la resurrección propiamente dicha, y esto se debe, como veremos, a que la resurrección trasciende toda experiencia «histórica» normal.

El relato más antiguo de las apariciones después de la resurrección es el del apóstol Pablo:

> Porque primeramente os he enseñado lo que asimismo recibí: Que Cristo murió por nuestros pecados, conforme a las Escrituras; y que fue sepultado, y que resucitó al tercer día, conforme a las Escrituras; y que apareció a Cefas, y después a los doce. Después apareció a más de quinientos hermanos a la vez, de los cuales muchos viven aún, y otros ya duermen. Después apareció a Jacobo; después a todos los apóstoles; y al último de todos, como a un abortivo, me apareció a mí. (1 Co 15:3-8)

No todas estas apariciones se describen en los Evangelios, en particular las apariciones a Jacobo y a los quinientos. Aquí nos interesa sobre todo la aparición a Pablo en el camino a Damasco. Hay tres relatos de esta aparición que difieren en algunos detalles, pero coinciden en los hechos centrales (Hch 9:1-9; 22:6-11; 26:12-18). Estos relatos nos dicen que Jesús se le apareció a Pablo en una manifestación de brillo y gloria, y que de la luz salió una voz que se identificó como Jesús. En otras palabras, Jesús se le apareció a Pablo en lo que los teólogos llaman una teofanía, una aparición de Dios. Puede llamarse una visión objetiva: fue una visión porque el elemento visual principal fue brillo o gloria; sin embargo, fue objetiva en el sentido de que no ocurrió en la mente de Pablo, sino fuera de él. Se ha intentado explicar esta visión a partir de nuestros conocimientos de parapsicología, pero esos intentos son inútiles. La visión de Pablo trasciende toda explicación científica.

Lo que Pablo quiere decir en su relato de las apariciones después de la resurrección es que *el mismo Jesús que se le apareció a él fue el mismo que se les apareció a los demás discípulos*. No debemos pensar que Pablo quiere decir que la forma de las apariciones era la misma, porque, como veremos, no lo era. Además, cuando Pablo enfatiza el entierro de Jesús, debe tener en mente la tumba vacía; de lo contrario, no tendría sentido mencionar que Jesús fue enterrado.

Por lo tanto, Pablo creía en la resurrección *corporal* de Jesús, aunque su estado resucitado mostraba gloria en vez de la debilidad de su existencia física.

Que la experiencia de Pablo implique una teofanía o una visión objetiva concuerda con lo que Pablo dice sobre el Cristo resucitado. «… Fue hecho el primer hombre Adán alma viviente; el postrer Adán, espíritu vivificante» (1 Co 15:45). «… Cristo resucitó de los muertos por la gloria del Padre…» (Ro 6:4). Él «… transformará el cuerpo de la humillación nuestra, para que sea semejante al cuerpo de la gloria suya…» (Fil 3:21).

Las apariciones registradas en los Evangelios parecen ser muy diferentes. Mateo relata que cuando las mujeres salían del sepulcro después de ver al ángel, Jesús salió a su encuentro y ellas «… abrazaron sus pies, y le adoraron» (Mt 28:9). Lucas cuenta que dos discípulos en el camino a Emaús lo reconocieron cuando partió el pan (Lc 24:30-31). Lucas también narra que Jesús dijo a sus discípulos que tocaran su cuerpo para asegurarse de que no era una aparición:

«… porque un espíritu no tiene carne ni huesos, como veis que yo tengo» (Lc 24:39). Juan relata que los discípulos estaban reunidos en un aposento alto, «… estando las puertas cerradas […] por miedo de los judíos…» (Jn 20:19), cuando, por lo visto, Jesús apareció de la nada y se puso en medio de ellos. A continuación, se relata la famosa historia de Tomás, el discípulo que dudaba y al cual Jesús invita a tocar las heridas en sus manos y en su costado. El relato no dice que Tomás lo hizo, pero es evidente que era posible o Jesús no lo hubiera invitado.

El punto es que, mientras que la experiencia de Pablo debe clasificarse como «una visión objetiva», la aparición del Cristo *glorificado*, los Evangelios hacen hincapié en la corporeidad de Jesús. Una solución que quizás la mayoría de mis lectores sostendrá es que Jesús fue glorificado en el momento de su ascensión. Es posible. Sin embargo, por razones que no podemos exponer en detalle aquí, es igual de probable que Jesús haya resucitado de la tumba en su cuerpo glorificado, que se haya aparecido en esta gloria a Pablo, pero que las apariciones registradas en los Evangelios sean condescendientes con los sentidos terrenales de los discípulos (ver Ladd, *Creo en la resurrección de Jesús*, p. 132 y ss.). Debemos recordar que los discípulos, a pesar de las enseñanzas de Jesús, no esperaban verlo. Todas sus esperanzas estaban encarceladas en la tumba con el cuerpo muerto de Jesús.

> Aunque resucitó en forma corporal, no era el mismo cuerpo. Era un cuerpo transformado que poseía poderes nuevos.

Podemos imaginar su situación si algunos de nosotros asistiéramos al funeral de un amigo, viéramos su ataúd bajar a la tierra y nos encontráramos con él cara a cara tres días después. Me temo que la mayoría de nosotros llegaría a la conclusión de que nuestro amigo fallecido tenía un hermano gemelo al que nunca habíamos visto.

Los tres hechos que surgen de los relatos de los Evangelios son estos: *identidad*. Este es el punto principal. El Jesús resucitado era el mismo Jesús que fue crucificado y enterrado. *Continuidad*. Jesús fue resucitado en una forma *corporal* capaz de impactar en los sentidos físicos. Como veremos, Pablo insiste en la naturaleza corporal de la resurrección. *Discontinuidad*. Aunque resucitó en forma corporal, no era el mismo cuerpo. Era un cuerpo transformado que poseía poderes nuevos. Un erudito lo expresó así: era a la vez suficientemente corpóreo como para mostrar sus heridas y suficientemente inmaterial para atravesar las puertas cerradas. Tal vez no sea una afirmación exacta. Si en su resurrección, Cristo se convirtió en un «espíritu vivificante» (1 Co 15:45), podemos entender que, en el momento de la resurrección, Jesús pasó al mundo espiritual invisible. La suposición básica subyacente de toda la Biblia es que ese mundo existe. «Es, pues, la fe [...], la convicción de lo que no se ve» (He 11:1). La Biblia asume que estamos rodeados por el mundo invisible de Dios. Mediante él, Jesús pudo aparecerse a las personas en la historia, ya sea por medio de una teofanía gloriosa o de formas más corpóreas. La conclusión es que «este mismo Jesús» está hoy con todo su pueblo en el Espíritu y podría hacerse visible de cualquier manera y en cualquier lugar y momento que quisiera. Jesús resucitó en forma corporal, pero poseía poderes que trascendían el mundo ordinario del tiempo y el espacio.

Tal vez al lector le parezca que estamos dedicando demasiado tiempo a la explicación de la resurrección de Jesús cuando nuestra preocupación principal

> La resurrección de Jesús no fue un acontecimiento aislado en medio de la historia, sino que fue el comienzo de la resurrección escatológica.

es la resurrección escatológica de los santos al final de la era. La razón se puede ver de manera sencilla cuando reconocemos que la resurrección de Jesús fue en sí misma un acontecimiento escatológico. Con esto queremos decir que la resurrección de Jesús no fue un acontecimiento aislado en medio de la historia, sino que fue el comienzo de la resurrección escatológica.

Esto puede verificarse en numerosos pasajes. Jesús es llamado «... el primogénito de entre los muertos...» (Col 1:18). Esto significa no solo que Jesús fue el primero en resucitar de entre los muertos (Hch 26:23), sino que, como tal, está a la cabeza de un orden nuevo de existencia: la vida de resurrección.

Este hecho también puede verse en la experiencia de la iglesia primitiva. El Libro de Hechos afirma que los saduceos estaban «resentidos de que [los discípulos de Jesús] enseñasen al pueblo, y anunciasen en Jesús la resurrección de entre los muertos» (4:2). Esto, al principio, es desconcertante. Es algo sabido e histórico que, entre los judíos, los fariseos creían en la resurrección de los muertos, mientras que los saduceos negaban esta doctrina (ver Hch 23:7-8). Sin embargo, coexistían y no se peleaban por puntos de doctrina como la resurrección de los muertos. La realidad es que había una gran variedad de puntos de vista en el judaísmo referentes a la resurrección (ver Ladd, *Creo en la resurrección de Jesús*). ¿Por qué, entonces, iba a molestarles a los saduceos que estos discípulos de Jesús, esta nueva secta mesiánica, predicara la resurrección?

La respuesta se encuentra en que los discípulos no predicaban una doctrina, una mera *esperanza* para el

> El Dios de la Biblia no es una deidad distante y alejada del hombre; es el Dios que se ha acercado a los hombres en una larga serie de visitaciones históricas.

futuro. Proclamaban un acontecimiento en el presente que *garantizaba* el futuro. Predicaban *en Jesús* la resurrección de los muertos. La resurrección ya no era solo un acontecimiento futuro, una doctrina, una esperanza; había sucedido en medio de ellos. Si su proclamación era cierta, brindaba una negación incontestable de la doctrina de los saduceos.

El carácter escatológico de la resurrección de Jesús se ve con claridad en la afirmación de Pablo cuando dice que su resurrección fue «… primicias de los que durmieron…» (1 Co 15:20). «Primicias» significa muy poco para los que habitan en ciudades. Sin embargo, en la antigua Palestina tenía un significado muy vívido. Las primicias eran el comienzo propiamente dicho de la cosecha que se ofrecía en sacrificio a Dios por conceder una cosecha nueva. No era una esperanza; no era una promesa; era el comienzo real de la cosecha, seguida de inmediato por la cosecha completa.

Así, la resurrección de Jesús tiene la característica de las primicias. Aunque no fue seguida *de inmediato* por la resurrección de los santos, sigue teniendo la característica de un acontecimiento escatológico. Si se nos permite hablar de forma poco elegante, Dios ha separado una porción de la resurrección escatológica y la ha plantado en medio de la historia.

Esto significa dos cosas. La resurrección de Cristo garantiza la resurrección de los creyentes. La resurrección se ha convertido en algo más que una esperanza; se ha convertido en un acontecimiento. Todo depende de este acontecimiento. «Y si Cristo no resucitó, vana es entonces nuestra predicación, vana es también vuestra fe. Y somos hallados falsos testigos de Dios […] y si Cristo no resucitó, vuestra fe es vana; aún estáis

> La resurrección se ha convertido en algo más que una esperanza; se ha convertido en un acontecimiento.

en vuestros pecados. Entonces también los que durmieron en Cristo perecieron» (1 Co 15:14-18). Esta es una afirmación sorprendente. ¿Puede uno creer en Dios y aun así no creer en la resurrección de Jesús? ¿No dice la propia Escritura que «… es necesario que el que se acerca a Dios crea que le hay, y que es galardonador de los que le buscan (He 11:6)»? ¿Por qué la fe en Dios depende de la creencia en la resurrección de Jesús?

La respuesta es clara. El Dios de la Biblia no es una deidad distante y alejada del hombre; es el Dios que se ha acercado a los hombres en una larga serie de visitaciones históricas. Un erudito ha descrito al Dios del Antiguo Testamento como «El Dios que se acerca». Lo que el Nuevo Testamento registra es que esta autorrevelación de Dios ha llegado a su máximo punto en la encarnación: en su Palabra hablada a nosotros a través de su Hijo. «Y aquel Verbo fue hecho carne, y habitó entre nosotros…». Jesús vino en el nombre del Padre afirmando ser Señor sobre la enfermedad (sanó toda clase de enfermedades), sobre Satanás (expulsó demonios) y sobre la naturaleza (calmó la tormenta). Sin embargo, si Cristo no ha resucitado, *no es el Señor de la muerte*. La muerte tiene la última palabra, y toda la sucesión de acontecimientos reveladores registrados en la Biblia es un callejón sin salida que termina en una tumba.

Cristo, como primicia de la resurrección tiene un segundo significado. No solo asegura nuestra resurrección, sino que también afirma que nuestra resurrección será como la suya. Cuando venga en poder y gloria, «… transformará el cuerpo de la humillación nuestra, para que sea semejante al cuerpo de la gloria suya, por el poder con el cual puede también sujetar a sí mismo todas las cosas» (Fil 3:21). Esto significa que «… lo mortal se[rá] absorbido por la vida» (2 Co 5:4).

La pregunta continúa siendo la siguiente: ¿qué tipo de cuerpo tendremos en la resurrección? Hemos visto que, tanto en Pablo como en los Evangelios, aunque el modo de existencia de Jesús resucitado aparece de forma diferente, tres elementos son esenciales: corporeidad, continuidad y discontinuidad.

Somos afortunados de poder contar con la pluma de Pablo que nos ofrece un debate bastante extenso sobre este mismo problema. En 1 Corintios 15 se aborda una de las cuestiones planteadas por los corintios: «… ¿Cómo resucitarán los muertos? ¿Con qué cuerpo vendrán?» (1 Co 15:35). Pablo reprende a los interrogadores con bastante aspereza: «Necio[s]» (1 Co 15:36). No está del todo claro cuál era la naturaleza de los opositores de Pablo. Puede que se tratara de dos frentes o es posible que de ambos a la vez. Pablo puede haber estado refutando un énfasis en la naturaleza *física* de la resurrección demasiado burdo. Sabemos, por la literatura contemporánea, que algunos judíos mantenían una idea muy vulgar de la resurrección (ver Ladd, *Creo en la resurrección de Jesús*, p. 69) y parece que había partidarios de «Pedro», es decir, una facción judía en Corinto (ver 1:12). Sin embargo, es más probable que el problema fuera con los griegos, a quienes los ofendía la idea de la resurrección. Sabemos que muchos griegos creían en la «salvación» del alma, pero esto significaba escapar del cuerpo. Ellos percibían el cuerpo no como algo malo en sí, sino como algo que interfería en el cultivo del alma. El hombre sabio es aquel que disciplina y controla su cuerpo para cultivar el alma. La idea de la inmortalidad personal no habría ofendido en absoluto a los griegos, pero la idea de la resurrección corporal no era una verdad que pudieran aceptar con facilidad.

Pablo ya ha argumentado que la resurrección de los creyentes depende por completo de la resurrección de Cristo (15:3-19). Ahora pasa a la siguiente pregunta: la naturaleza del cuerpo resucitado. Su primera respuesta es que será un cuerpo diferente del cuerpo físico y lo argumenta afirmando que hay diferentes tipos de cuerpo. El tallo

> ¿Qué tipo de cuerpo tendremos en la resurrección?

del grano verde que brota de la tierra tiene una apariencia muy diferente a la semilla plantada en el suelo que parece sin vida. Pero entre ambos, a pesar de la diferencia evidente, existe, sin duda, una continuidad inexplicable. La solución a esto se encuentra en las palabras: «pero Dios le da el cuerpo como él quiso, y a cada semilla su propio cuerpo» (15:38). Así que hay un cuerpo físico y un cuerpo resucitado. No son el mismo tipo de cuerpo; hay diferencia, discontinuidad, pero también hay continuidad. Sin semilla, no hay tallo. Sin cuerpo físico, no hay cuerpo resucitado.

En segundo lugar, la simple observación demuestra que existen diferentes tipos de cuerpos carnales: uno para los hombres, otro para los animales, otro para las aves, otro para los peces. Hay muchos cuerpos en la tierra y hay cuerpos en el cielo: el sol, la luna y las estrellas. No obstante, es evidente que hay una diferencia en estos cuerpos celestes. La gloria del sol y de la luna es mucho mayor que la de las estrellas.

Luego, Pablo nos ofrece lo más parecido a una descripción del cuerpo resucitado que se encuentra en el corpus de la Escritura: «... Se siembra en corrupción, resucitará en incorrupción. Se siembra en deshonra, resucitará en gloria; se siembra en debilidad, resucitará en poder» (15:42-43). El cuerpo resucitado será imperecedero, glorioso, poderoso. ¿Quién ha oído hablar de un cuerpo imperecedero? Todos los cuerpos que se conocen en la tierra son débiles y perecederos. El cuerpo nuevo será adecuado para la vida en el mundo venidero.

Pablo lo resume así: «Se siembra cuerpo animal, resucitará cuerpo espiritual...» (15:44). Es imposible traducir de manera literal las palabras griegas que usa Pablo; no tienen sentido en español: «se siembra un cuerpo *con alma*». Con esto, Pablo quiere decir que es un cuerpo animado y adaptado solo a la vida del alma humana *(psujé)*. No puede ser un cuerpo hecho de *psujé*. Del mismo modo, el cuerpo resucitado es un cuerpo «espiritual», no un cuerpo hecho de espíritu, sino un cuerpo transformado y adaptado al mundo nuevo del Espíritu de

Dios. En vista de estos hechos, la mejor traducción para el cuerpo *con alma* es «físico», es decir, un cuerpo como el nuestro actual, físico, débil, en descomposición y condenado a muerte. Algunas personas piensan que a menos que uno crea en un cuerpo «físico» resucitado, no cree de verdad en la Biblia. Aquí está la verdadera cuestión: ¿es la resurrección una resurrección del *cuerpo*? Y aquí Pablo no nos deja ninguna duda.

Sin embargo, de nuevo, hay tanto continuidad como discontinuidad. El cuerpo nuevo tiene algo en común con el cuerpo físico; Pablo no nos dice qué es, pero el Cristo resucitado y glorificado se encontró con él en el camino a Damasco, le habló y le permitió reconocer que en verdad era Jesús ya resucitado de entre los muertos.

> Lo importante es que el cuerpo resucitado será como el cuerpo resucitado de Jesús.

Lo importante es que el cuerpo resucitado será como el cuerpo resucitado de Jesús. «El primer hombre es de la tierra, terrenal; el segundo hombre, que es el Señor, es del cielo» (15:47). No está del todo claro qué quiere decir Pablo con esta última frase, si se refiere a la encarnación, a la resurrección o a la segunda venida de Cristo. En el contexto presente, parece que lo mejor es entender que Pablo se refiere a la resurrección. En su resurrección y exaltación Jesús regresó al cielo, el reino invisible de la existencia de Dios, y desde este reino celestial se apareció a los discípulos durante cuarenta días y, más tarde, a Pablo en el camino a Damasco. En nuestros cuerpos terrenales, somos como Adán: hombres de polvo, débiles, perecederos. En la resurrección «… traeremos también la imagen del celestial» (15:49).

De otras Escrituras queda claro que la resurrección de los santos se produce en la parusía (segunda venida) de Cristo. Pablo no deja lugar a dudas en 1 Tesalonicenses 4:16: «Porque el Señor mismo con voz de mando, con voz de arcángel, y con trompeta de Dios, descenderá del cielo; y los muertos en Cristo resucitarán primero». Que los muertos resuciten «primero» no se dice con referencia al resto de los muertos. La realidad es que Pablo no menciona en ninguna parte de sus cartas la resurrección de los no santos. «Primero» significa que los santos muertos son resucitados antes de que los santos vivos sean arrebatados para estar con el Señor.

Esto es paralelo a la resurrección de los santos y de los mártires en Apocalipsis 20. La imagen de la segunda venida de Cristo en Apocalipsis 19:11-16 es la de un conquistador. Se lo ve cabalgando un caballo de guerra blanco con el fin de destruir al anticristo y a los que lo han seguido. Así, *después de la segunda venida de Cristo* se produce la primera resurrección. Apocalipsis 20:4 designa a más de un grupo de personas. Juan vio primero a los que habían sido decapitados por causa del testimonio de Jesús. También vio a los que no habían adorado a la bestia ni a su imagen, aparentemente los creyentes que habían escapado a la persecución. Los muertos vuelven a la vida y se regocijan con Cristo durante mil años (20:4). Luego, después del reinado milenario de Cristo, continuarán en la era venidera, todavía en sus cuerpos renovados, en un cielo y una tierra renovados.

Otro acontecimiento que ocurre al mismo tiempo que la resurrección de los santos es lo que llamamos el rapto. Pablo dice en 1 Tesalonicenses que, inmediatamente después de la resurrección de los muertos en Cristo, «… nosotros los que vivimos, los que hayamos quedado, seremos arrebatados juntamente con ellos en las nubes para recibir al Señor en el aire, y así estaremos siempre con el Señor» (4:17). La palabra «rapto» viene del latín *rapiemur* que significa «seremos arrebatados». El arrebatamiento de los santos vivos para encontrarse con el Señor en el aire es la forma en que Pablo describe la transformación de los santos vivos cuando se revistan de sus cuerpos espirituales, como los muertos en la resurrección, pero sin pasar por la muerte.

Pablo dice lo mismo con diferentes palabras en 1 Corintios 15:

… No todos dormiremos [en la muerte]; pero todos [tanto los muertos como los santos vivos] seremos transformados, en un momento, en un abrir y cerrar de ojos, a la final trompeta; porque se tocará la trompeta, y los muertos serán resucitados incorruptibles, y nosotros [tanto los vivos como los muertos] seremos transformados. Porque es necesario que esto corruptible se vista de incorrupción, y esto mortal se vista de inmortalidad. Y cuando esto corruptible se haya vestido de incorrupción, y esto mortal se haya vestido de inmortalidad, entonces se cumplirá la palabra que está escrita: Sorbida es la muerte en victoria. (15:51-54)

Resurrección para los santos muertos; rapto para los santos vivos. Así entrarán todos los santos de todas las épocas en la vida de la era venidera.

Un problema en la correspondencia paulina es el completo silencio sobre el destino de los incrédulos. Pablo vincula tan de cerca la resurrección de los santos con la resurrección de Cristo que sería fácil concluir que Pablo considera que el destino de los impíos es quedarse en la tumba.

Sin embargo, otros pasajes no guardan silencio sobre este punto. Hechos 24:15 cita a Pablo diciendo que «… ha de haber resurrección de los muertos, así de justos como de injustos». El Evangelio de Juan es un testimonio más de la resurrección de todos los hombres, ya que cita a Jesús cuando declara: «No os maravilléis de esto; porque vendrá hora cuando todos los que están en los sepulcros oirán su voz; y los que hicieron lo bueno, saldrán a resurrección de vida; mas los que hicieron lo malo, a resurrección de condenación» (5:28-29). Esto nos recuerda a Daniel 12:2 donde algunos son resucitados «para vida eterna» y otros «para vergüenza y confusión perpetua». No es posible decir con certeza que Daniel y Juan anticipan dos resurrecciones. Lo máximo que podemos decir es que ambos anticipan la resurrección tanto de los justos como de los injustos, los primeros para bendición, y los segundos para juicio y condenación.

No obstante, Apocalipsis 20 anticipa claramente dos resurrecciones. La primera resurrección ocurre justo después de la victoriosa segunda venida de Cristo y es seguida por el milenio. Esta se llama la «primera resurrección» (20:6) y ocurre en vida. Después del reino milenario de Cristo, Juan ve un gran trono blanco ante el cual la tierra y el cielo huyen: «Y vi a los muertos, grandes y pequeños, de pie ante Dios…» (20:12), «Y el mar entregó los muertos que había en él; y la muerte y el Hades [el sepulcro] entregaron los muertos que había en ellos…» (20:13) para que fueran juzgados ante el gran trono blanco. Juan no lo designa así, pero debemos pensar en esto como la segunda resurrección. Sin embargo, la Escritura guarda silencio absoluto sobre la naturaleza de esta resurrección o la forma de existencia de los resucitados. Este es uno de los lugares oscuros de la Escritura donde la especulación no es una virtud. Lo único que está claro es que la segunda resurrección es de juicio y conduce a la segunda muerte.

8

EL JUICIO FINAL

Una clara enseñanza de la escritura es que los seres humanos son individualmente responsables de sus obras y deben enfrentar el día del juicio final ante un Dios santo y justo. «Y de la manera que está establecido para los hombres que mueran una sola vez, y después de esto el juicio» (He 9:27).

Jesús enseñó con claridad sobre el juicio de todos los hombres. Él dijo que el día del juicio será más tolerable para la gente de Sodoma y de Gomorra, de Tiro y de Sidón, que para aquellos que oyeron el evangelio de los labios de Jesús y lo rechazaron (Mt 10:15; 11:22, 24). Los hombres de Nínive y la reina del sur se levantarán en el juicio para condenar a la generación ciega de Jesús. Al final de la era, los impíos y los justos serán separados (Mt 13:40 ss., 49 ss.), y todas las naciones serán reunidas ante el Hijo del Hombre (Mt 25:32) para ser juzgadas.

Pablo enseñó que «... cada uno recibirá su alabanza de Dios» cuando el Señor venga (1 Co 4:5) y que Dios juzga a los que están fuera (1 Co 5:13). Los santos juzgarán al mundo (1 Co 6:2), pero deben examinarse a sí mismos para que no sean condenados junto con el mundo (1 Co 11:32). Pablo claramente no hace distinción entre el juicio de Dios y el juicio de Cristo, porque «… todos estaremos delante del tribunal de Dios» (Ro 14:10, NTV) «porque es necesario que todos nosotros comparezcamos ante el tribunal de Cristo, para que cada uno reciba según lo que haya hecho mientras estaba en el cuerpo, sea bueno o sea malo» (2 Co 5:10).

Una de las declaraciones más importantes que hace Pablo sobre el juicio final se encuentra en Romanos 2:5-10:

> Pero por tu dureza y por tu corazón no arrepentido, atesoras para ti mismo ira para el día de la ira y de la revelación del justo juicio de Dios, el cual pagará a cada uno conforme a sus obras: vida eterna a los que, perseverando en bien hacer, buscan gloria y honra e inmortalidad, pero ira y enojo a los que son contenciosos y no obedecen a la verdad, sino que obedecen a la injusticia; tribulación y angustia sobre todo ser humano que hace lo malo, el judío primeramente y también el griego, pero gloria y honra y paz a todo el que hace lo bueno, al judío primeramente y también al griego.

Si lo leemos superficialmente, esto sirve para contradecir la declaración que a menudo hace Pablo de que el hombre no puede ser justificado por sus obras (Ro 3:20; Gá 2:16; 3:11; 5:4). La solución radica en lo que se entiende por «obras». En el último ejemplo, Pablo se refiere a las obras de acuerdo con un código externo, la ley judía, que brindaba una base para un sentido de mérito y jactancia humanos. Esto no significa que todas las obras no tienen importancia. Pablo afirma con claridad: «Porque lo que era imposible para la ley, por cuanto era débil por la carne, Dios, enviando a su Hijo en semejanza de carne de pecado y a causa del pecado, condenó al pecado en la carne; *para que la justicia de la ley se cumpliese en nosotros*, que no andamos conforme a la carne, sino conforme al Espíritu» (Ro 8:3-4). Lo que la ley exterior no podía hacer era cambiar el corazón del hombre, apartarlo del orgullo pecaminoso, hacerlo amar a Dios con todo su ser y al prójimo como a sí mismo. Esto lo ha hecho el Espíritu. Otro término paulino para las buenas obras de Romanos 2:5-11 es «el fruto del Espíritu». Esto no significa que el creyente pone a Dios en deuda con él y recibe el regalo de la salvación *porque se lo merece*. Lo que sí significa es que el hombre, incluso el cristiano, sigue siendo responsable ante Dios, y debe haber evidencia de buenas obras para demostrar que en verdad busca «gloria, honra e inmortalidad». Permítame citar a un comentarista moderno: «La recompensa de la vida eterna se promete a aquellos que no consideran sus buenas obras como un fin en sí mismas, sino que las ven como obras no de logros humanos, sino de esperanza en Dios».[1]

En relación con el juicio final, debemos observar el concepto bíblico de la ira de Dios, el término más vívido que encontramos para designar la relación de Dios con los pecadores. La ira es ante todo un concepto escatológico. El día del juicio final será un día de ira para los perdidos (Ro 2:5; 1 Ts 1:10). El Señor Jesús será revelado «… desde el cielo con los ángeles de su poder, en llama de fuego, para dar retribución a los que no conocieron a Dios, ni obedecen al evangelio de nuestro Señor Jesucristo; los cuales sufrirán pena de eterna perdición, excluidos de la presencia del Señor…» (2 Ts 1:7-9). Probablemente Efesios 5:6 y Colosenses 3:6 se refieren a la ira inminente en el día del juicio final.

> La ira es ante todo un concepto escatológico. El día del juicio final será un día de ira para los perdidos.

Sin embargo, la ira no es solo escatológica; caracteriza la relación actual entre Dios y el hombre. En la presente era, llena de maldad y alejada de Cristo, los hombres son hijos de ira (Efesios 2:3). La ira

---

1. C. K. Barrett, *Commentary on the Epistle to the Romans* [Comentario sobre la Epístola a los Romanos], (Nueva York: Harper & Row, 1957), p. 117.

de Dios se revela contra toda impiedad e injusticia de los hombres (Ro 1:18).

No debe entenderse el concepto del Nuevo Testamento sobre la ira de Dios en términos de la ira de las deidades paganas, cuya ira podía convertirse en benevolencia mediante ofrendas adecuadas. La ira de Dios es la hostilidad implacable y divina hacia todo lo que es malo, y es una locura ignorarla o intentar justificarla. En el Nuevo Testamento, la ira de Dios no es una emoción que nos dice cómo se siente Dios; más bien nos dice cómo reacciona un Dios santo hacia el pecado y los pecadores. La ira es la reacción personal de Dios contra el pecado. El pecado no es un asunto trivial, y los hombres no pueden rescatarse a sí mismos de la difícil situación en la que se encuentran. La ira expresa lo que Dios hace y hará con el pecado.

> La ira de Dios es la hostilidad implacable y divina hacia todo lo que es malo, y es una locura ignorarla o intentar justificarla.

En el día del juicio final, habrá una resolución doble: absolución o condenación. En el Nuevo Testamento, la palabra común para absolución es justificación. Jesús dijo: «Mas yo os digo que de toda palabra ociosa que hablen los hombres, de ella darán cuenta en el día del juicio. Porque por tus palabras serás justificado, y por tus palabras serás condenado» (Mt 12:36-37). Las «palabras ociosas», las palabras pronunciadas de manera espontánea cuando uno baja la guardia, revelan el verdadero carácter del corazón de un hombre. Es decir, todos los hombres comparecerán ante el juicio de Dios, y la resolución será la justificación o absolución, o su opuesto, la condenación.

Pablo tiene la misma situación en mente cuando escribe: «¿Quién acusará a los escogidos de Dios? Dios es el que justifica. ¿Quién es el que condenará? Cristo es el que murió; más aun, el que también resucitó, el que además está a la diestra de Dios, el que también intercede por nosotros» (Ro 8:33-34). Aquí Pablo describe al cristiano ante el tribunal escatológico de Dios; sus pecados e iniquidades lo condenan, pero tiene un intercesor: Dios mismo en la persona de Cristo lo ha justificado; nada ni nadie puede condenarlo.

Los absueltos no son justificados por sus propias obras, sino por la justificación realizada por Cristo en su cruz. «Al que no conoció pecado [Cristo], por nosotros [Dios] lo hizo pecado, para que nosotros fuésemos hechos justicia de Dios en él» (2 Co 5:21). Cristo no tenía ninguna mancha de pecado; pero él cargó con nuestros pecados, *se hizo* pecado por nosotros para que a nosotros, pecadores, se nos reconozca la justicia (absolución) de Dios. Aquí está la gloria del evangelio paulino: el juicio que debe ser dictado en el día del juicio final ya ha sido dictado en la historia a través de la muerte sacrificial y expiatoria de Jesucristo. Jesús, una víctima inocente, murió en la cruz; pero, en su muerte, cargó con los pecados de los hombres, sufrió el castigo y la condenación que merecen sus pecados, de modo tal que se ha hecho expiación; y esta expiación incluye la justificación mediante la fe. Por medio de la fe en la obra expiatoria de Cristo, el creyente es justificado, aquí y ahora, de toda la culpa de su pecado. Está absuelto.

La pregunta esencial es: ¿qué es la justificación? En el pensamiento paulino, la justificación es el pronunciamiento de la absolución por parte del Legislador y Juez del universo. La justificación, la absolución, no es una cualidad ética subjetiva. Es una *relación* objetiva en la que Dios decretó que el creyente se encuentra en una relación justa con el Juez de todos los hombres. Las relaciones son hechos reales y objetivos.

Esto se refleja incluso en nuestros conceptos modernos de justicia legal. Un hombre está acusado de un delito, y su caso es presentado ante un tribunal. El veredicto es culpable o absuelto. La pregunta básica no es: ¿es culpable o inocente? La pregunta básica es: ¿qué evidencia se puede brindar sobre la cual se puede tomar una decisión? Si se lo declara «absuelto», queda libre, aunque es posible que haya cometido el delito. Si se lo declara «culpable», se lo castiga, aunque en algunos casos no lo haya cometido. No importa cómo se *sienta* él o alguien al respecto. La pregunta es: ¿cuál es el veredicto del tribunal?

Así sucede con Dios. Dios es el Legislador y Juez universal, y la pregunta es: ¿cuál es la decisión del tribunal celestial? Este es un hecho que frustraba a los judíos: Dios absuelve a los culpables. En el pensamiento judío, el pecador debe ser condenado, el justo, absuelto. Sin embargo, Pablo proclamó que, en la muerte de Cristo, los pecadores son absueltos de su culpa ante Dios. La muerte de Cristo prueba que «… en este tiempo […] él [es] el justo, y el que justifica al que es de la fe de Jesús» (Ro 3:26). La muerte de Cristo es tanto un acto de justicia como un acto de amor. Como un acto de justicia, Dios en Cristo trató el pecado como debía ser tratado «… para manifestar su justicia, a causa de haber pasado por alto, en su paciencia, los pecados pasados» (Ro 3:25). Antes de Cristo, Dios no había tratado el pecado como debía ser tratado. Parecía que no se inmutaba ante el pecado del hombre; pero en la muerte de Cristo, mostró su *justicia*. Trató el pecado como debía hacerse.

> La muerte de Cristo es tanto un acto de justicia como un acto de amor.

Aquí hay un misterio. ¿Qué pasó en la cruz? No lo sé; va más allá de los límites de la imaginación humana. Sin embargo, en su muerte, Jesús sufrió *mi* muerte; eligió mi condenación. Incluso podríamos decir que fue al infierno en mi lugar.

Todo lo que necesito hacer para aprovechar la absolución de Cristo es aceptarla por fe. Dios «… justifica al que es de la fe de Jesús» (Ro 3:26). Este es el tema de la epístola romana: «… el justo por la fe vivirá» (Ro 1:17). En otras palabras, el hombre de fe que confía en la obra justificadora de Cristo en la cruz *ya* está justificado. La cruz se ha convertido en el tribunal. El creyente, en un sentido de la palabra, ya está en el lado celestial del juicio escatológico. Por eso Pablo puede escribir: «Ahora, pues, ninguna condenación hay para los que están en Cristo Jesús…» (Ro 8:1).

Sin embargo, esto no excluye al creyente del juicio escatológico. «… todos compareceremos ante el tribunal de Cristo» (Ro 14:10). La razón de esto es demostrar que la justificación del creyente en la historia ha sido confirmada por las obras de amor que ha realizado. En otras palabras, la justificación no es de ninguna manera un asunto puramente legalista para que el hombre justificado pueda decir: «He sido absuelto, así que, de ahora en adelante, no importa cómo viva». Importa muchísimo, porque el hombre que ha sido justificado por la fe también se ha unido a Cristo por esa misma fe. «… Porque los que hemos muerto al pecado, ¿cómo viviremos aún en él? […] Porque somos sepultados juntamente con él para muerte por el bautismo, a fin de que como Cristo resucitó de los muertos por la gloria del Padre, así también nosotros andemos en vida nueva» (Ro 6:2-4). El juicio escatológico del creyente no es decidir si es salvo o no; es confirmar su salvación por medio de buenas obras hechas mientras estaba en el cuerpo, en otras palabras, los frutos del Espíritu.

> En otras palabras, el hombre de fe que confía en la obra justificadora de Cristo en la cruz *ya* está justificado. La cruz se ha convertido en el tribunal.

Otro pasaje que trata del juicio de los cristianos es 1 Corintios 3:10-17. Sin embargo, aquí Pablo no habla sobre la vida cristiana cotidiana como tal, sino del trabajo de los líderes cristianos. Sabemos que la iglesia de Corinto estaba dividida por un espíritu partidario, algunos

> Los que han construido sobre Cristo y han construido estructuras duraderas recibirán una recompensa.

afirmaban ser discípulos de Pablo, otros decían ser discípulos de Pedro, otros, de Apolos, incluso otros, despreciaban a los líderes humanos y afirmaban ser seguidores solo de Cristo (1 Co 1:12). Ahora Pablo se ocupa de la responsabilidad del liderazgo cristiano en la iglesia. Él reconoce que todos están construyendo sobre el único fundamento posible: Jesucristo (3:11). Sin embargo, se pueden erigir diferentes tipos de estructuras sobre los cimientos adecuados: algunas de materiales preciosos: oro, plata, piedras preciosas; otras de materiales comparativamente menos valiosos: madera, heno, rastrojo. En el día del juicio escatológico, el fuego escatológico probará todas las cosas (ver Mt 3:12). Algunas construcciones demostrarán ser permanentes; otras demostrarán ser inútiles y temporales, y serán consumidas. Ahora Pablo dice algo muy significativo. Los que han construido sobre Cristo y han construido estructuras duraderas recibirán una recompensa (3:14). Esta no es la recompensa de la salvación o justificación, que siempre es un regalo y nunca una recompensa. Cuáles son estas recompensas es una cuestión de especulaciones infructuosas. Por otro lado, algunos han construido *sobre el fundamento de Cristo* estructuras sin valor, que serán consumidas en el fuego apocalíptico. Sin embargo, dado que ha construido sobre Cristo: «… él mismo será salvo, aunque así como por fuego» (3:15). Una vez más debemos notar que este pasaje no se aplica directamente a la vida cristiana común y corriente, sino a los líderes cristianos. «Yo planté, Apolos regó; pero el crecimiento lo ha dado Dios» (3:6). Por lo tanto, este pasaje no contradice lo que ya se ha escrito sobre que todos los cristianos comparecerán ante el tribunal de Dios. Solo agrega este hecho: habrá un motivo especial para el juicio de los líderes cristianos.

Otro pasaje de los evangelios refleja un juicio determinado sobre la base del servicio cristiano. Jesús contó una parábola sobre un hombre que, como se iba lejos, convocó a tres de sus siervos y le dio a uno cinco talentos (un talento probablemente valía alrededor de mil dólares); a otro, dos talentos; y a otro, un talento, «… a cada uno conforme a su capacidad…» (Mt 25:15). El hombre de los cinco talentos ganó cinco talentos más; el hombre de los dos talentos ganó dos talentos más; el hombre de un talento no estaba dispuesto a arriesgar nada, así que simplemente dejó a un lado su talento y lo escondió.

Cuando el dueño regresó a pedir cuentas, dijo al hombre de los cinco talentos: «… Bien, buen siervo y fiel; sobre poco has sido fiel, sobre mucho te pondré; entra en el gozo de tu señor» (Mt 25:21). El hombre de los dos talentos recibió exactamente la misma recompensa.

He aquí una verdad gloriosa. Dios mide el servicio del cristiano no solo por lo que logra, sino *por la fidelidad con la que ha servido*.

Al hombre de un talento que no había ganado nada, Jesús le dijo palabras muy duras: «Quitadle, pues, el talento, y dadlo al que tiene diez talentos. […] Y al siervo inútil echadle en las tinieblas de afuera; allí será el lloro y el crujir de dientes» (Mt 25:28-30).

Si interpretamos esto al pie de la letra, nos enseña que el discípulo infiel perderá su salvación. Sin embargo, el método de enseñanza de Jesús consistía en usar ilustraciones radicales (ver Mt 18:34), y la idea bien puede ser que un discípulo que no hace nada es una contradicción en los términos. Si un discípulo profeso desperdicia completamente su vida de modo tal que no cuenta para nada en la misión que Jesús les ha dado a los suyos, en efecto, niega su profesión y demuestra que es hueca y vacía.

El Nuevo Testamento tiene mucho para decir sobre la condenación final de los impíos. Sin embargo, esta idea parece oculta. Hay dos palabras griegas que designan el destino de los malvados al morir: *Hades* y *Geénna*. Hades es el equivalente del Seol del Antiguo

Testamento y debe traducirse como «muerte» o «sepulcro» (ver Mt 11:23; 16:18; Lc 16:23; Hch 2:27, 31; Ap 1:18; 20:13, 14). La palabra griega *Geénna*, en cambio, debe traducirse como «infierno». Esta es una palabra hebrea transliterada que significa *Ge-hinón*, el valle de Ben Hinom. Era un valle al sur de Jerusalén donde se habían sacrificado niños en el fuego a Moloc (2 Cr 28:3; 33:6, NBLA) y se convirtió en un símbolo profético para el juicio (Jr 7:31, 32, NBLA) y más tarde para el castigo final. Jesús advirtió que Dios tiene el poder de arrojar tanto el cuerpo como el alma al infierno (Lc 12:5; Mt 10:28; cp. Mt 5:29, 30). Se describe como un lugar de fuego inextinguible (Mr 9:43) o fuego eterno (Mt 18:8). Apocalipsis describe el castigo final como un lago de fuego y azufre (Ap 20:10). Jesús dijo que los malvados serán enviados «al fuego eterno preparado para el diablo y sus ángeles» (Mt 25:41). Este lago de fuego será el destino de la bestia, el diablo y todos aquellos cuyos nombres no están escritos en el libro de la vida (Ap 20:15). Que este lenguaje no se pueda interpretar en términos de un fuego físico se demuestra porque la muerte y el Hades también son arrojados al lago de fuego. Esta es la muerte segunda (Ap 20:14). Nuestro Señor habló del castigo final en términos de fuego (Mt 13:42, 50; 25:41) o de tinieblas (Mt 8:12; 22:13; 25:30; cp. 2 P 2:17; Jud 13). Si bien tanto el fuego como la oscuridad son formas pintorescas de hablar del castigo final, describen el terrible castigo del destierro de la presencia y las bendiciones de Dios en Cristo (Mt 7:23; 25:41).

Pablo describe el estado final de aquellos que no han obedecido el evangelio de Cristo diciendo: «... sufrirán pena de eterna perdición, excluidos de la presencia del Señor y de la gloria de su poder» (2 Ts 1:9; ver 1 Ts 5:3). Los rebeldes y los impenitentes guardan para sí mismos ira en el día de la ira cuando el justo juicio de Dios sea revelado (Ro 2:5, 8; ver 5:9; 1 Ts 1:10; 5:9). Pablo también retrata el destino de los inconversos mediante el concepto de perecer. Esta es tanto una condición presente (1 Co 1:18; 2 Co 2:15; 4:3) como una condenación futura (Ro 2:12; 2 Ts 2:10). Esta condenación escatológica también es destrucción (Fil 3:19; Ro 9:22). Una idea complementaria es la de muerte. El significado completo del término «muerte» es la pena del pecado (Ro 5:12; 6:23). Si bien esta muerte es la muerte del cuerpo (Ro 8:38; 1 Co 3:22), el término incluye mucho más. Esto se muestra porque es lo opuesto a la vida eterna (Ro 6:23; 7:10; 8:6; 2 Co 2:16). Es tanto un hecho presente (Ro 7:10 ss.; Ef 2:9) como un hecho futuro (Ro 1:32; 6:16, 21, 23; 7:5). Esto nos recuerda la «segunda muerte segunda» en el lago de fuego de Apocalipsis 20:14. La idea central es la exclusión de la presencia del Señor en su reino consumado (2 Ts 1:9) y la consiguiente pérdida de las bendiciones de la vida que vienen con el gozo de su presencia. Sin embargo, los términos que usa Pablo dejan en claro que se trata del justo desierto del pecado y la incredulidad; pero en ninguna parte describe lo que esta condenación implica.

En la imagen del juicio final después del milenio, llamado el juicio del «gran trono blanco» (Ap 20:11), hay un doble estándar de juicio. Primero, se abrieron los libros: «... y fueron juzgados los muertos por las cosas que estaban escritas en los libros, según sus obras» (Ap 20:12). Como dijo Pablo, los hombres serán juzgados por sus obras. En Romanos 2, Pablo dice que diferentes hombres serán juzgados por diferentes estándares. «Porque todos los que sin ley han pecado, sin ley también perecerán; y todos los que bajo la ley han pecado, por la ley serán juzgados» (Ro 2:12). Los gentiles que no tienen la ley de Moisés serán juzgados por la luz que Dios les ha dado en su creación. «Porque lo que de Dios se conoce les es manifiesto, pues Dios se lo manifestó. Porque las cosas invisibles de él, su eterno poder y deidad, se hacen claramente visibles desde la creación del mundo, siendo entendidas por medio de las cosas hechas, de modo que no tienen excusa» para no adorar a Dios (Ro 1:19-20).

Los gentiles también tienen una luz interior, la luz de la conciencia:

Porque cuando los gentiles que no tienen ley, hacen por naturaleza
lo que es de la ley, éstos, aunque no tengan ley, son ley para sí
mismos, mostrando la obra de la ley escrita en sus corazones,
dando testimonio su conciencia, y acusándoles o defendiéndoles
sus razonamientos, en el día en que Dios juzgará por Jesucristo los
secretos de los hombres, conforme a mi evangelio. (Ro 2:14-16)

Esto sugiere, aunque no lo deja claro, que habrá grados de castigo,
que serán conforme a la manera en que el hombre haya respondido a
la luz que tiene.

Sin embargo, la norma final será el evangelio de Jesucristo.
«… otro libro fue abierto, el cual es el libro de la vida […]. Y el que
no se halló inscrito en el libro de la vida fue lanzado al lago de fuego»
(Ap 20:12, 15).

El juicio de los impíos no es un fin en sí mismo, sino solo un acto
necesario para el establecimiento del reino de Dios en el mundo. Dios
ha hecho todo lo posible para traer a los hombres a sí mismo: si ellos
rechazan su gracia, deben enfrentar su juicio porque, al final, Dios no
puede tolerar ninguna oposición a su santa voluntad.

Algunos intérpretes han deducido a partir de ciertos dichos de
Pablo que él esperaba que ocurriera una reconciliación final que signifi-
caría «un regreso a casa universal» interpretado en términos de una salvación universal de todas las criaturas, tanto humanas como angélicas.
Dicha interpretación puede inferirse, en efecto, a partir de varios dichos
paulinos si se extraen del contexto paulino. En Colosenses 1:20, Pablo
habla de que Cristo reconcilió consigo todas las cosas, ya sea las que
están en la tierra como las que están en el cielo. En Filipenses 2:9-11,
Pablo sostiene que debido a que Jesús se humilló a sí mismo en la
encarnación y la muerte, «… Dios también le exaltó hasta lo sumo, y
le dio un nombre que es sobre todo nombre, para que en el nombre

de Jesús se doble toda rodilla de los que están en los cielos, y en la tierra, y debajo de la tierra; y toda lengua confiese que Jesucristo es el Señor, para gloria de Dios Padre. Sin embargo, la reconciliación universal de la que se habla en esos pasajes significa que la paz se restablece en todas partes. La confesión universal del señorío de Jesús no es sinónimo de salvación universal. Hay un elemento severo en la escatología de Pablo que no se puede evitar. Hay voluntades recalcitrantes que deben ser sometidas y que finalmente deben inclinarse ante el gobierno de Cristo, aunque sea a regañadientes, para que, al final, Cristo entregue su reino al Padre, para que «... Dios sea todo en todos» (1 Co 15:28).

> El juicio de los impíos no es un fin en sí mismo, sino solo un acto necesario para el establecimiento del reino de Dios en el mundo.

Aún queda un pasaje de la Escritura que debemos tratar: la parábola de las ovejas y las cabras de la que habla nuestro Señor en Mateo 25. El Hijo del Hombre vendrá y todos los ángeles con él, y se sentará en su trono glorioso. Delante de él serán reunidas todas las naciones de la tierra, y las separará como un pastor palestino separa las ovejas de los cabritos todas las noches. A los justos, las ovejas a su diestra, les dirá: «... hereden el reino preparado para ustedes desde la fundación del mundo» (25:34, NBLA). Su destino bendito será ir a la *vida eterna* (25:46). A los impíos, los cabritos a su izquierda, les dirá: «... Apártense de Mí, malditos, al fuego eterno que ha sido preparado para el diablo y sus ángeles» (25:41, NBLA), y su destino será ir al *castigo eterno*.

Lo que hace que esta dramática parábola sea difícil es la base del juicio. Los justos van a la vida eterna: «Porque tuve hambre, y me disteis de comer; tuve sed, y me disteis de beber; fui forastero, y me recogisteis; estuve desnudo, y me cubristeis; enfermo, y me visitasteis; en la cárcel, y vinisteis a mí» (25:35-36). Los justos responden con sorpresa porque nunca han visto a Jesús hambriento y sediento, forastero, desnudo, enfermo o en la cárcel para poder servirlo. El Rey responde: «... "En verdad les digo que en cuanto lo hicieron a uno de estos hermanos Míos, aun a los más pequeños, a Mí lo hicieron"» (25:40, NBLA). Los impíos están igualmente sorprendidos por su juicio y alegan que nunca han visto a Jesús en ese estado para servirlo. A ellos Jesús les dice lo mismo: «... "En verdad les digo que en cuanto ustedes no lo hicieron a uno de los más pequeños de estos, tampoco a Mí lo hicieron"» (25:45, NBLA).

Este es un pasaje crucial para los dispensacionalistas, ya que lo convierten en un juicio separado del juicio final de los hombres. En el juicio final, Dios está sentado sobre un gran trono blanco (Ap 20:11), mientras que, en Mateo 25, los hombres están reunidos ante el trono del Hijo del Hombre. Por lo tanto, los dispensacionalistas ven en esta parábola un juicio de las naciones para decidir a cuáles se les concederá la admisión en el reino milenario de Cristo y cuáles serán excluidas. «Mis hermanos» son los hermanos judíos de Jesús que se convertirán durante la gran tribulación y que proclamarán entre los gentiles una inminente venida del reino milenario de Cristo. A las naciones gentiles que traten a los hermanos judíos de Jesús con amabilidad, los reciban y acepten su mensaje se les concederá la admisión en el reino milenario, y aquellas que los maltraten, los rechacen a ellos y a su mensaje serán excluidos del reino milenario.

Aquí hay tres cuestiones exegéticas que deben considerarse. ¿Es este un juicio diferente del juicio del gran trono blanco? ¿La recompensa de heredar el reino significa entrar en el milenio? ¿Son los hermanos de Jesús sus «parientes según la carne», es decir, los judíos?

Es evidente que este juicio no puede diferenciarse del juicio del gran trono blanco solo porque las naciones aparecen ante el trono del Hijo del Hombre y no ante el trono de Dios. Ya hemos visto que estos dos se consideran iguales. Es obvio a partir de los dos dichos: «Porque es necesario que todos nosotros comparezcamos ante el tribunal de Cristo...» (2 Co 5:10) y «... todos estaremos delante del tribunal de Dios» (Ro 14:10; NTV), que los dos tribunales son intercambiables.

En segundo lugar, el texto mismo deja en claro que no se refiere a que los benditos entran en el milenio ni que el destino de los demás es la exclusión de él. El texto mismo dice: «Estos [los impíos] irán al castigo eterno, pero los justos a la vida eterna» (25:46, NBLA). Castigo eterno y vida eterna. Este texto no habla de la admisión a un reino terrenal temporal ni de la exclusión de él, sino del estado de castigo y recompensa final y eterno.

En tercer lugar, no hay ninguna razón exegética para entender que los hermanos de Jesús son sus hermanos judíos. Por el contrario, tenemos evidencia exegética de que Jesús consideraba a sus discípulos como sus hermanos espirituales. En una ocasión, la madre y los hermanos de Jesús buscaban la oportunidad de hablar con él, y él respondió: «... ¿Quién es mi madre, y quiénes son mis hermanos? Y extendiendo su mano hacia sus discípulos, dijo: He aquí mi madre y mis hermanos. Porque todo aquel que hace la voluntad de mi Padre que está en los cielos, ése es mi hermano, y hermana, y madre» (Mt 12:48-50). Con esto, quiso decir que las relaciones espirituales trascienden las relaciones humanas naturales.

> Tenemos evidencia exegética de que Jesús consideraba a sus discípulos como sus hermanos espirituales.

Entonces, si los hermanos son discípulos de Jesús y el juicio es una imagen del juicio escatológico final, ¿cómo podemos interpretar el pasaje? La parábola describe la situación que iban a experimentar los discípulos de Jesús cuando fueran a predicar el evangelio. No todos los recibirían. Muchos de sus oyentes los rechazarían y maltratarían. Debemos recordarnos el carácter del ministerio de los primeros discípulos:

> Id; he aquí yo os envío como corderos en medio de lobos. No llevéis bolsa, ni alforja, ni calzado; y a nadie saludéis por el camino. En cualquier casa donde entréis, primeramente decid: Paz sea a esta casa. Y si hubiere allí algún hijo de paz, vuestra paz reposará sobre él; y si no, se volverá a vosotros. Y posad en aquella misma casa, comiendo y bebiendo lo que os den; porque el obrero es digno de su salario. No os paséis de casa en casa. En cualquier ciudad donde entréis, y os reciban, comed lo que os pongan delante; y sanad a los enfermos que en ella haya, y decidles: Se ha acercado a vosotros el reino de Dios. Mas en cualquier ciudad donde entréis, y no os reciban, saliendo por sus calles, decid: Aun el polvo de vuestra ciudad, que se ha pegado a nuestros pies, lo sacudimos contra vosotros… (Lc 10:3-11)

> He aquí, yo os envío como a ovejas en medio de lobos; sed, pues, prudentes como serpientes, y sencillos como palomas. Y guardaos de los hombres, porque os entregarán a los concilios, y en sus sinagogas os azotarán; y aun ante gobernadores y reyes seréis llevados por causa de mí, para testimonio a ellos y a los gentiles. (Mt 10:16-18)

En otras palabras, cuando los discípulos de Jesús fueran a predicar las buenas nuevas sobre el reino de Dios, podían esperar estar hambrientos, sedientos, desnudos y encarcelados. Pero entonces Jesús dijo: «El que a vosotros recibe, a mí me recibe; y el que me recibe a mí, recibe al que me envió» (Mt 10:40). Es decir, cuando hombres y mujeres que nunca hubieren visto u oído a Jesús en persona recibieren a sus emisarios, les dieren de comer y beber, los sirvieren cuando fueren azotados o encarcelados, lo estarían haciendo como si se tratara del mismo Jesús. Pero cuando los hombres los rechazaren, hicieren oídos sordos a sus palabras, los echaren de sus pueblos, o incluso los vieren azotados y encarcelados y no ofrecieren ayuda, en realidad, estarían rechazando al mismo Jesús.

Queda por hacer una última pregunta. Si este es el juicio final, ¿qué hacemos con el milenio? Parece que no hay lugar para él. El autor es sincero cuando admite que si tuviéramos que seguir este pasaje como nuestro programa de profecía, no habría lugar para un milenio. Tendría que ser antimilenarista.

Sin embargo, esto no pretende ser un programa de profecía. Es una parábola dramática. Jesús sabe que está a punto de dejar a sus discípulos en el mundo con la comisión de llevar el evangelio a todas las naciones. En efecto, les está diciendo: «Estoy confiando el destino de los gentiles en sus manos. Los que los reciben me reciben a mí, y serán bendecidos en el día del juicio. Aquellos que los rechazan, excluyen y castigan me lo hacen a mí, y no les irá bien en el día del juicio».

Muchos evangélicos defienden una interpretación muy diferente de la parábola. Los hermanos de Jesús representan a todos los pobres, hambrientos, desnudos y marginados del mundo. Los bienaventurados que heredan el reino son aquellos que han vivido una vida de amor, que es la prueba esencial del discipulado de Jesús. Estos son salvos por sus obras, pero no son obras de interpretación legalista, sino que son obras (o frutos del Espíritu) que fluyen de una vida dedicada a Jesucristo.

No hay ninguna objeción teológica a esta interpretación, ya que hemos visto anteriormente en el capítulo que las buenas obras en el cristiano deben ser la confirmación externa y visible de su fe en Jesucristo. Sin embargo, no hay otro apoyo exegético para interpretar que los hermanos de Jesús son todas las personas desafortunadas; por lo tanto, preferimos la primera interpretación.

EL REINO DE DIOS

Ya hemos tenido ocasión de mencionar la teología del reino de Dios en el capítulo sobre la segunda venida de Cristo. Allí encontramos que la forma bíblica fundamental de ver a Dios y al hombre es que el hombre fue creado para habitar la tierra, y Dios visitó al hombre una y otra vez en la historia, ya sea para liberación o juicio. La misión de Jesús de Nazaret es nada menos que una visitación divina. Sin embargo, esta fue una visitación velada; Jesús se encarnó como un hombre mortal de carne y hueso para traer a los hombres en la historia las bendiciones del reino de Dios. Sin embargo, su misión y significado fueron evidentes solo para los hombres de fe. Para muchos otros, parecía estar fuera de sí (Mr 3:21). Su segunda venida es absolutamente necesaria para mostrar a todo el mundo el señorío que es suyo incluso ahora. En este capítulo, ampliaremos en detalle esta teología del reino de Dios.

Está claro que el reino de Dios es el tema central de la enseñanza de Jesús. Mateo no deja dudas al respecto. Él resume el ministerio temprano de Jesús con las palabras: «Y recorrió Jesús toda Galilea, enseñando en las sinagogas de ellos, y predicando el evangelio del reino…» (Mt 4:23). El Sermón del monte tiene como tema el reino de los cielos (Mt 5:3, 10). El gran capítulo de las parábolas tiene que ver con el reino de los cielos (Mt 13:11). El capítulo sobre la comunión entre los discípulos de Jesús, en realidad, trata sobre la comunión en el reino de los cielos (Mt 18:1-4). El gran discurso en el monte de los Olivos tiene que ver con la venida del reino.

> El gran discurso en el monte de los Olivos tiene que ver con la venida del reino.

Para entender este tema con mayor precisión, debemos prestar atención a una palabra en particular: *aión*. Hay dos palabras en el Nuevo Testamento griego que se traducen con la palabra española «mundo»: *kósmos* y *aión*. Esta es una mala traducción que oculta al lector una verdad muy valiosa. *Kósmos* significa «un todo ordenado»; se puede utilizar para el universo como un todo o para la humanidad como un todo o para el hombre visto en su rebelión pecaminosa contra Dios. *Aión*, la raíz de la palabra española «eón», es claramente una palabra de tiempo y significa un fragmento de tiempo de duración indeterminada. El griego no tiene una palabra que signifique «para siempre»; utiliza la simple frase *eis ton aiona*: en la era.

El lugar más importante donde aparece esta palabra en los evangelios es en Marcos 10. Un joven rico se acercó a Jesús y le preguntó qué debía hacer para heredar la vida eterna (Mr 10:17). Por vida eterna se refería a la vida en el reino escatológico de Dios que todos los profetas anticipaban. El antecedente de su pedido es Daniel 12:2, el único lugar donde aparece la frase «vida eterna» en el Antiguo Testamento. «Y muchos de los que duermen en el polvo de la tierra serán despertados, unos para *vida eterna*, y otros para vergüenza y confusión perpetua» (Dn 12:2). El joven preguntaba cómo podía asegurarse de participar en la resurrección y en el nuevo mundo del gobierno perfecto de Dios.

La respuesta de Jesús no lo satisfizo y se alejó. Entonces Jesús dijo a sus discípulos: «... ¡Cuán difícilmente entrarán en el reino de Dios los que tienen riquezas! (Mr 10:23) y volvió a decir: «... ¡cuán difícil les es entrar en el reino de Dios, a los que confían en las riquezas!» (Mr 10:24).

Aquí deberíamos añadir una nota entre paréntesis por razones de claridad. El pasaje paralelo de Mateo tiene una notable variación de palabras: «... De cierto os digo, que difícilmente entrará un rico en el reino de los cielos» (Mt 19:23). «Otra vez os digo, que es más fácil pasar un camello por el ojo de una aguja, que entrar un rico en el reino de Dios» (Mt 19:24). En el primer versículo, Mateo dice «reino de los cielos», en el segundo, «reino de Dios». ¿Hay alguna diferencia?

Ciertamente, no se puede detectar de estos dos versículos. En el primer versículo, donde Mateo dice el reino de los cielos, Marcos dice el reino de Dios. Cualquier diferencia que se encuentre en estos textos debe interpretarse a partir de ellos; no se puede deducir de ellos. Sin embargo, los dispensacionalistas basan toda una teología en una distinción sugerida entre estas dos frases.

Entonces, ¿cómo explicamos la diferencia? A través de un solo hecho histórico. En el idioma judío, «el cielo» es un sustituto natural de «Dios». Los judíos eran muy reverentes y tenían un gran respeto incluso por el nombre de Dios. A modo de ilustración: cuando el hijo pródigo regresó a casa, dijo: «... he pecado contra el cielo y contra ti» (Lc 15:18). Jesús mismo expresó este respeto. Al Sanedrín le dijo: «... desde ahora veréis al Hijo del Hombre sentado a la diestra del poder de Dios, y viniendo en las nubes del cielo» (Mt 26:64). Mateo es el único evangelio que usa la frase «el reino de los cielos»; él escribía para los lectores judíos, y esto les agradaría. Sin embargo, en cinco ocasiones usa «reino de Dios», así que no podemos convertirlo en una regla absoluta.

Volviendo a nuestro tema, el joven rico preguntó qué debía hacer para heredar la vida escatológica. Jesús responde hablando de entrar en el reino de Dios o reino de los cielos. Está claro que la entrada a la vida eterna es sinónimo de entrar en el reino de Dios, y ambos pertenecen al orden escatológico.

Esto se aclara aún más en Marcos 10:29-30, donde dice que todos los que han tenido pérdidas físicas y sufrimientos «en este tiempo» encontrarán bendiciones que tomarán su lugar «... y en el siglo venidero la vida eterna» (Mr 10:30).

La misma teología de los dos siglos se encuentra en Lucas 20:34-36: «... Los hijos de este siglo se casan, y se dan en casamiento; mas los que fueren tenidos por dignos de alcanzar aquel siglo y la resurrección de entre los muertos, ni se casan, ni se dan en casamiento. Porque no pueden ya más morir, pues son iguales a los ángeles, y son hijos de Dios, al ser hijos de la resurrección». Este siglo es una era de mortalidad y muerte. El matrimonio es una institución esencial o la raza se extinguiría. El siglo venidero será augurado por la resurrección de entre los muertos, y aquellos que la experimenten serán como ángeles en un aspecto: de ahora en adelante, al ser hijos de la resurrección con vida eterna, serán inmortales.

El gran capítulo de las parábolas deja en claro que otro suceso que introducirá la era venidera es el juicio final, la siega cuando el trigo y la cizaña se separen al final de (este) siglo (Mt 13:39-40, 49).

En otros lugares, se utiliza la idea de los dos siglos sin ningún contenido teológico que significque «para siempre». Por ejemplo, Mateo 12:32: «A cualquiera que dijere alguna palabra contra el Hijo del Hombre, le será perdonado; pero al que hable contra el Espíritu Santo, no le será perdonado, ni en este siglo ni en el venidero». Pablo utiliza la misma expresión: Cristo es exaltado «sobre todo principado y autoridad y poder y señorío, y sobre todo nombre que se nombra, no sólo en este siglo, sino también en el venidero» (Ef 1:21).

Hay otros pasajes que hablan de la naturaleza de esta era. En Mateo 13:22, «... el afán de este siglo...» es hostil a la palabra del reino de Dios y trata de sofocar su crecimiento. En Gálatas 1:4, Pablo lo llama «el presente siglo malo». En 2 Corintios 4:4, Pablo habla de Satanás como el dios de este siglo. En su sabiduría soberana, Dios ha permitido que Satanás ejerza ese poder de modo tal que se puede hablar de él como el dios de esta era, el objeto supremo de la adoración de los hombres impíos. Por supuesto, todo lo que Satanás hace debe hacerse con el poder soberano y el consentimiento de Dios.

Otro mal de esta era es la muerte. «Así que, por cuanto los hijos participaron de carne y sangre, él también participó de lo mismo, para destruir por medio de la muerte al que tenía el imperio de la muerte, esto es, al diablo» (He 2:14).

En todos estos versículos del Nuevo Testamento encontramos la misma teología que caracteriza a los profetas del Antiguo Testamento. Se puede graficar de manera muy sencilla:

	Esta era	La era venidera
Creación	La muerte	La vida eterna

El día del
Señor

Todo el recorrido de la historia redentora se divide en dos eras separadas por el día del Señor. El Nuevo Testamento agrega varias características importantes a este diagrama: el día del Señor será testigo de la venida del Hijo del Hombre, la resurrección de los muertos y el juicio de los hombres.

Pablo enfatiza esto cuando habla del reino victorioso de Cristo. Hablando de la resurrección, Pablo dice: «… Cristo, las primicias; luego los que son de Cristo, en su venida. Luego el fin, cuando entregue el reino al Dios y Padre, cuando haya suprimido todo dominio, toda autoridad y potencia. Porque preciso es que él reine hasta que haya puesto a todos sus enemigos debajo de sus pies. Y el postrer enemigo que será destruido es la muerte» (1 Co 15:23-26). Aquí tenemos lo que equivale a una definición del reino de Dios. *El reino de Dios es el gobierno redentor de Dios en Cristo, que destruye a sus enemigos y, por consiguiente, trae a su pueblo la bendición de su reinado.*

Esto hace ineludibles varias conclusiones. El reino de Dios es la obra de Dios, no de los hombres; en ninguna parte encontramos la expresión, muy utilizada en algunos círculos, de construir el reino de Dios. Sin duda, pueden proclamar la obra del reino (Mt 24:14; Hch 8:12; 28:31), pero el reino es siempre el reino de Dios, el gobierno de Dios. Además, está claro que el reino no triunfará en esta era. Esta era seguirá siendo mala hasta que el Hijo del Hombre purgue el mal de su reino. Nuevamente, esto muestra por qué la segunda venida de Cristo es esencial para una teología bíblica: sin su regreso victorioso, no habrá victoria final sobre el pecado, Satanás y la muerte. Sin embargo, el reino de Dios vendrá; todas las promesas de Dios siguen sin cumplirse sin el regreso de Cristo. Finalmente, esta teología del reino de Dios deja en claro que el propósito redentor de Dios no es meramente un camino de salvación para las almas individuales; es un propósito para la historia. Ya hemos tratado de aclarar esto en el capítulo sobre la segunda venida de Cristo. Dado que Dios ya ha intervenido en la historia, la historia tiene un propósito y una meta; más bien deberíamos decir que la historia «redentora» tiene un propósito y una meta: el reino de Dios.

> *El reino de Dios es el gobierno redentor de Dios en Cristo, que destruye a sus enemigos y, por consiguiente, trae a su pueblo la bendición de su reinado.*

Antes de dejar el aspecto escatológico del reino, debemos considerar brevemente una pregunta muy debatida: ¿cómo y cuándo vendrá el reino?

Por «cuándo» no me refiero a «cuándo» de la manera en que nosotros calculamos el tiempo, sino a dónde se ubicará ese acontecimiento en la tensión de la historia redentora.

Debemos reconocer francamente que en todos los versículos citados hasta ahora parecería que el reino escatológico será inaugurado por un suceso único y complejo, que consistirá en el día del Señor, la venida del Hijo del Hombre, la resurrección de los muertos y el juicio final.

Sin embargo, en el único libro completamente dedicado a este tema, el Apocalipsis de Juan, este esquema de tiempo se modifica. En lugar de que la victoria de Cristo ocurra en un solo gran evento en su segunda venida, Apocalipsis 20 describe la victoria sobre Satanás en dos etapas. Como hemos visto en un capítulo anterior, los poderes demoníacos del mal que se oponen tanto a Cristo como a su iglesia serán, al final de los tiempos, encarnados en un anticristo que tendrá poder para infligir el martirio a los santos, pero que, a su vez, será vencido por la lealtad de los santos a Cristo. Apocalipsis 19 retrata la segunda venida de Cristo y hace hincapié en su capacidad para vencer y destruir al anticristo. Se lo representa como un guerrero cabalgando en batalla. La bestia en el anticristo y el falso profeta son lanzados vivos a un lago de fuego que arde con azufre (Ap 19:20). Entonces el profeta dirige su atención a la conquista de Cristo sobre el poder que está detrás del anticristo: Satanás. Primero lo agarra un ángel, lo ata con una gran cadena y lo arroja a un abismo «… para que no engañase más a las naciones…» (Ap 20:3). Este encarcelamiento dura mil años. Al mismo tiempo, Juan ve las almas de los mártires que han sido víctimas del anticristo. «… y vivieron y reinaron con Cristo mil años. Pero los otros muertos no volvieron a vivir hasta que se cumplieron mil años. Esta es la primera resurrección» (Ap 20:4-5). Al finalizar los mil años, Satanás es liberado de su prisión y encuentra que los corazones de los hombres todavía son pecadores y rebeldes a pesar de que Cristo mismo los ha gobernado durante mil años. Son destruidos por fuego del cielo. Luego se describe la segunda resurrección. «… los otros muertos…» (Ap 20:5), es decir, todos los que no habían participado en la primera resurrección, son resucitados para juicio. Están ante el trono de Dios y son juzgados según sus obras. Pero no solo eso: «Y el que no se halló inscrito en el libro de la vida fue lanzado al lago de fuego» (Ap 20:15). En este momento, la victoria de Cristo está completa. El diablo es arrojado a un lago de fuego cuando lidera los ejércitos contra Cristo (Ap 20:10). Ahora que el juicio ha sido completado, «… la muerte y el Hades [el sepulcro] fueron lanzados al lago de fuego. Esta es la muerte segunda» (Ap 20:14).

La teología que se basa en este pasaje se llama milenarismo o quiliasmo, ya que anticipa un reinado de Cristo sobre la tierra *en la historia* por mil años antes de que comience la era venidera. Las personas que sostienen este punto de vista se llaman «premilenaristas» porque creen que Cristo regresará antes de su reinado de mil años. Esta es la interpretación más natural del pasaje, y es la opinión del presente autor. Se debe reconocer una cosa: este es el único lugar en la Escritura que enseña un reinado de Cristo de mil años. Sin embargo, esto no debería ser una objeción al punto de vista. Después de todo, ningún profeta del período tardío del Antiguo Testamento predijo la era de la iglesia. Ven el futuro en general en términos del día del Señor y el papel de Israel en él. En otras palabras, la profecía refleja su visión del futuro.

El mayor problema es la teología del milenio, y aquí todo lo que dice la Escritura es que Satanás fue atado por mil años «… para que no engañase más a las naciones…» (Ap 20:3) como lo había hecho bajo el anticristo. La idea parece ser que Dios ha determinado que habrá un período de mil años en *la historia* antes de la era venidera cuando Cristo extenderá su dominio sobre las naciones; es decir, que habrá un período de justicia política, social y económica antes del final; pero incluso en una sociedad así, los corazones de los hombres permanecerán rebeldes y responderán al diablo cuando sea liberado, de modo que en el juicio final se reivindicará el decreto divino de condenación de los impíos.

Muchos eruditos no pueden aceptar esta interpretación e imaginar de manera diferente «la primera resurrección». Algunos eruditos consideran que los mil años equivalen a la misión victoriosa de la iglesia en el mundo. Es tarea de la iglesia no solo salvar almas, sino también transformar mediante la influencia cristiana el ámbito de la política, la economía y la actividad social. Por lo tanto, el «milenio», una edad de oro, se logrará mediante la obra de Dios en el mundo en la iglesia y a través de ella. Estos eruditos sostienen que, a pesar de la maldad obvia en el mundo, el mundo está mejorando cada vez más y continuará haciéndolo hasta que se alcance la edad de oro. Muchos eruditos en el pasado sostuvieron este punto de vista, pero, en la actualidad, es una opinión minoritaria. Este punto de vista se llama posmilenarismo porque la segunda venida de Cristo para dar comienzo a la era venidera ocurrirá solo después del milenio.

Otro punto de vista que muchos cristianos evangélicos piadosos defienden se llama antimilenarismo. Esta es la idea de que no habrá un milenio en sentido literal en el futuro. Se argumenta que Apocalipsis 20 debe interpretarse a la luz de otros pasajes que sitúan el comienzo de la era venidera en el regreso de Cristo. Los mil años deben interpretarse espiritualmente como equivalentes a la era de la iglesia. Este punto de vista adopta dos formas. En una forma, el pasaje es una profecía del destino de los mártires que han sido asesinados por la bestia. En lugar de morir cuando fueron martirizados, en realidad siguieron viviendo después de la muerte, compartiendo la victoria de Cristo y su reinado. Satanás ya no puede hacerles daño; ya no tiene poder.

Una interpretación antimilenarista más popular es que el milenio es sinónimo de la era de la iglesia y representa el reinado espiritual de Cristo en el mundo en su iglesia y a través de ella. La diferencia entre este punto de vista y el posmilenarismo es que el reinado de Cristo a través de su iglesia no transforma el orden político secular para que se convierta en el reino de Dios.

Ahora bien, debemos admitir que existe algún apoyo bíblico para ese punto de vista. La Escritura enseña que los santos comparten la victoria y el reino de Cristo. «Aun estando nosotros muertos en pecados, [Dios] nos dio vida juntamente con Cristo [...] y juntamente con él nos resucitó, y asimismo nos hizo sentar en los lugares celestiales con Cristo Jesús» (Ef 2:5-6). Espiritualmente, hemos sido resucitados de entre los muertos, elevados al cielo mismo, donde compartimos el gobierno de Cristo a la diestra de Dios. Esto es lo que enseña Apocalipsis 20.

Si bien este autor no comparte esta escatología, una cosa está clara: los cristianos que sostienen este punto de vista no lo hacen por una hermenéutica liberal, sino porque sienten que la Palabra de Dios lo exige. Sin embargo, según la opinión de este autor, no hay una razón convincente para no interpretar este pasaje en su forma más natural: el premilenarismo.

Antes de dejar la cuestión del milenio, debemos considerar otra forma que ha tomado el premilenarismo, la del dispensacionalismo. Esta es probablemente la forma más popular de premilenarismo en Estados Unidos y sostiene que el milenio es antes que nada para los judíos. Israel regresará a su tierra, reconstruirá el templo y restablecerá el sistema de sacrificios del Antiguo Testamento. En este momento, todas las profecías del Antiguo Testamento sobre Israel como nación serán cumplidas *de forma literal*. Esto se deduce de la convicción de que Dios tiene dos pueblos distintos y separados: Israel y la iglesia, con dos programas diferentes y con bendiciones distintas. El programa de Dios para Israel es teocrático y terrenal; el propósito de Dios para la iglesia es universal y espiritual.

Aunque el presente autor fue educado en esta teología, ya no puede aceptarla. El lector puede dirigirse al segundo capítulo de este libro donde se discute el futuro de Israel. Hebreos 8 dice con claridad que la era de las figuras y las sombras, el sistema de culto del Antiguo Testamento, ha sido abolida desde que la realidad representada en el culto ha venido en Cristo. Romanos 11 dice claramente que Israel como pueblo debe ser salvo, pero en los mismos términos de fe en Cristo que la iglesia. En la actualidad, la iglesia es el Israel espiritual, y el Israel literal aún debe ser reinjertado en el olivo e incluido en el verdadero Israel de Dios. Por lo tanto, es imposible considerar que el milenio tenga un carácter principalmente judío.

Después del milenio en el que se inicia la era venidera, Juan ve un cielo nuevo y *una tierra nueva*, a la cual desciende la ciudad santa, la nueva Jerusalén. He aquí un hecho importante: el escenario final del reino de Dios es terrenal. Es una tierra transformada, sin duda, pero sigue siendo un destino terrenal. La Escritura enseña esto en todas partes. Pablo dice que «… la creación misma será libertada de la esclavitud de corrupción, a la libertad gloriosa de los hijos de Dios» (Ro 8:21). La nueva creación se corresponde con la resurrección del cuerpo, analizada en otro capítulo de este libro.

> He aquí un hecho importante: el escenario final del reino de Dios es terrenal. Es una tierra transformada, sin duda, pero sigue siendo un destino terrenal.

La descripción de la nueva tierra redimida es muy simbólica. Se retrata a la ciudad celestial, la nueva Jerusalén, con la forma de un gigantesco cubo; tiene dos mil doscientos kilómetros (mil quinientas millas) de largo, dos mil doscientos kilómetros (mil quinientas millas) de ancho y dos mil doscientos kilómetros (mil quinientas millas) de alto (Ap 21:16). Obviamente, esta es una medida simbólica que nos deja atónitos. La ciudad está rodeada por un muro que solo tiene unos sesenta y cinco metros (doscientos pies) de alto. ¿Por qué la Jerusalén celestial necesita un muro? Un muro de sesenta y cinco metros (doscientos pies) está completamente desproporcionado con respecto a una ciudad de dos mil doscientos kilómetros (mil quinientas millas) de altura. La respuesta no es difícil: todas las ciudades antiguas tenían muros y Juan describió las realidades celestiales en un lenguaje terrenal. La ciudad tiene doce puertas, cada puerta tiene una sola perla que representa las doce tribus de Israel (Ap 21:12, 21). Las calles de la ciudad no se parecen a nada que se haya visto en la tierra: oro transparente (Ap 21:21).

La realidad que expresa este lenguaje simbólico es clara. «... He aquí el tabernáculo de Dios con los hombres, y él morará con ellos; y ellos serán su pueblo, y Dios mismo estará con ellos como su Dios» (Ap 21:3). «Y verán su rostro» (Ap 22:4). ¿Dios tiene rostro? Reflexione sobre esto; trate de entenderlo. «Verán su rostro».

Por fin, se cumple el propósito redentor de Dios. Cristo ha puesto a todos sus enemigos, el anticristo, Satanás, el pecado, la muerte, bajo sus pies. Dios ha reunido a un pueblo redimido tanto del Antiguo Testamento (Ap 21:12) como del Nuevo Testamento (Ap 21:14) en una tierra redimida en perfecta comunión, servicio y adoración a Dios.

Hasta ahora, nos hemos ocupado de la escatología del reino de Dios. No podemos dejar este tema sin antes señalar y exponer que el reino de Dios es también una realidad presente. Jesús dijo: «Pero si yo por el Espíritu de Dios echo fuera los demonios, ciertamente *ha llegado a vosotros el reino de Dios*» (Mt 12:28). Y volvió a decir: «De cierto os digo, que el que no reciba el reino de Dios como un niño, no entrará en él» (Mr 10:15). ¿Qué significan esos versículos y otros similares?

Volvamos a la doctrina de las dos eras: esta era y la era venidera. Hasta ahora, nos hemos ocupado del reino de Dios en la era venidera. Sin embargo, después de un examen más detallado, encontramos que la antítesis absoluta entre esta era y la era venidera debe modificarse radicalmente. Cristo se dio a sí mismo por nosotros *para librarnos del presente siglo malo* (Gá 1:4). Ya no debemos conformarnos a esta era, sino transformarnos mediante la renovación de nuestras mentes (Ro 12:2). En otras palabras, mientras vivimos en el siglo malo, ha irrumpido un nuevo poder que libera a hombres y mujeres de él. Nuevamente, Hebreos 6:5 habla de

> No podemos dejar este tema sin antes señalar y exponer que el reino de Dios es también una realidad presente.

aquellos que han probado los poderes del siglo venidero. Al vivir en la era antigua de la mortalidad, la maldad, el pecado y la muerte, podemos experimentar la vida y el poder de la nueva era. ¿Qué significa esto? ¿Cómo ocurre y qué significa para el reino de Dios?

Hemos definido el reino de Dios como el gobierno redentor de Dios en Cristo, que destruye a sus enemigos y trae a su pueblo las bendiciones de su reinado. Hemos visto que al final de la era, Cristo destruirá el poder de Satanás en dos etapas; será atado en el abismo por mil años, después de los cuales será arrojado a un lago de fuego. ¿Cristo ya ha comenzado a destruir el poder de Satanás?

La respuesta es un sí inequívoco. Uno de los milagros más característicos de Jesús fue la expulsión de demonios. Los fariseos lo acusaron de haberlo hecho con poder demoníaco. Jesús respondió que esa idea era ridícula, porque significaba que la casa de Satanás estaba dividida contra sí misma en una lucha civil. Luego Jesús dijo: «Pero si yo por el Espíritu de Dios echo fuera los demonios, *ciertamente ha llegado a vosotros el reino de Dios*» (Mt 12:28). Aquí hay una clara afirmación de que el reino real de Dios estaba presente y activo por el poder del Espíritu Santo en Jesús. Esto significa nada menos que la presencia del reino de Dios, activo de forma dinámica en la misión de Jesús. Entonces Jesús dijo: «Porque ¿cómo puede alguno entrar en la casa del

> ¿Cristo ya ha comenzado a destruir el poder de Satanás? La respuesta es un sí inequívoco.

hombre fuerte, y saquear sus bienes, si primero no le ata? Y entonces podrá saquear su casa» (Mt 12:29). Satanás debe ser atado antes de que Jesús pueda liberar de su esclavitud a hombres y mujeres poseídos por demonios. Algunos eruditos comparan esta atadura con la de Apocalipsis 20, pero las dos están ubicadas en escenarios completamente diferentes.

Nuestro problema con este versículo es que «atar», por lo general, significa dejar completamente fuera de acción, pero está claro en la Escritura que este no es el caso aquí. Uno de nuestros principales eruditos europeos ha dicho de forma pintoresca que Satanás está en verdad atado, pero con una cuerda larga. El punto es que Jesús ha invadido el territorio de Satanás, su casa, y lo ha derrotado: lo ha atado de manera tal que su poder se ha roto.

Lo mismo se afirma con diferentes términos en Lucas 10:18. Jesús les dio a sus discípulos el mismo poder para exorcizar demonios y, cuando ellos informaron su éxito, dijo: «... Yo veía a Satanás caer del cielo como un rayo». Esto no significa que Satanás haya cambiado el lugar de su habitación; es una forma metafórica de decir que Satanás ha sido derrocado de su lugar de poder. Ha sido derrotado por el poder de Cristo. Esto dice lo mismo que Mateo 12:29.

Todo el ministerio de Jesús constituye una victoria del reino de Dios sobre Satanás. Hebreos 2:14-15 dice que su muerte significó la derrota del diablo: «Así que, por cuanto los hijos participaron de carne y sangre, él [Cristo] también participó de lo mismo, para destruir por medio de la muerte al que tenía el imperio de la muerte, esto es, al diablo, y librar a todos los que por el temor de la muerte estaban durante toda la vida sujetos a servidumbre». La palabra crucial es «destruir». De nuevo, en nuestro vocabulario, «destruir» significa reducir a nada, aniquilar. La palabra griega no significa esto; significa dejar inoperante o ineficaz. Tanto con su vida como con su muerte, Jesús ha derrotado a Satanás para que los hombres y las mujeres ya no tengan que estar en su esclavitud.

El reino de Dios significa el reino de Dios en Cristo que derrota a sus enemigos. «Y el postrer enemigo que será destruido es la muerte» (1 Co 15:26). Hemos visto que la muerte será arrojada al lago de fuego después del milenio (Ap 20:14). ¿Ya ha hecho Jesús algo para derrotar la muerte? La respuesta nuevamente es una aserción clara. Él «... quitó la muerte y sacó a luz la vida y la inmortalidad por el evangelio» (2 Ti 1:10). Aquí hay una declaración asombrosa: «quitó la muerte». Él ha ganado la victoria sobre la muerte; ha vencido a la muerte.

¿Qué puede significar esto? Evidentemente, no puede significar que haya aniquilado a la muerte. Los cristianos mueren al igual que los no cristianos, y ni la psicología ni la fisiología pueden detectar ninguna diferencia entre el cadáver de un cristiano y el de un no cristiano. Tampoco pueden hacerlo las personas que trabajan en las funerarias preparando los cuerpos para el entierro. Pero ¿hay alguna diferencia entre el funeral de un cristiano y el de un no cristiano? De hecho, sí la hay. Para uno, es un último adiós desgarrador, sin esperanza para el futuro. Para el cristiano, es un adiós o un hasta luego hasta la resurrección. Nuestros cuerpos pueden morir, pero Cristo ha sacado a la luz la vida y la inmortalidad. Su resurrección es en sí misma un suceso escatológico. Él es las primicias de los muertos, el comienzo del último día. Los teólogos llaman «escatología realizada» a estas verdades, como la presencia del reino de Dios y la resurrección de Jesús; una parte de los acontecimientos

> Hemos dicho que el reino de Dios es el gobierno redentor de Dios en Cristo.

del último día se ha separado y se ha plantado en medio de la historia. Hemos dicho que el reino de Dios es el gobierno redentor de Dios en Cristo. ¿Dónde comienza Cristo su reinado mediador y redentor? ¿Debe «reinar hasta que haya puesto a todos sus enemigos debajo de sus pies»?

Muchos premilenaristas limitan el comienzo del reinado de Cristo al milenio; pero la Escritura es clara en cuanto a que él ya está sentado a la diestra de Dios y reina como Rey. «Al que venciere, le daré que se siente conmigo en mi trono, así como yo he vencido, y me he sentado con mi Padre en su trono» (Ap 3:21). Cristo ya está entronizado y comparte el reino real de Dios Padre. «… habiendo efectuado la purificación de nuestros pecados por medio de sí mismo, se sentó a la diestra de la Majestad en las alturas» (He 1:3). De nuevo, «… Siéntate a mi diestra, hasta que ponga a tus enemigos por estrado de tus pies» (He 1:13). Las declaraciones de que comparte el trono de Dios o se sienta a la diestra de Dios afirman la misma verdad: él ha sido entronizado como Rey. No hay diferencia entre el reinado y el señorío de Cristo. Debido a su obediencia en humillación, Dios lo ha exaltado hasta lo sumo y le ha dado un nombre que es sobre todo nombre, para que ante el nombre de Jesús se doble toda rodilla y toda lengua confiese *que Jesucristo es el Señor*, para gloria de Dios Padre (Fil 2:9-11). El nombre no es Jesús: este era su nombre humano. El nombre es *Kúrios:* Señor. El versículo de la exaltación tiene la misma teología que la declaración de que él debe reinar hasta que haya puesto a todos sus enemigos debajo de sus pies. Llegará el día en que todo hombre confiese el señorío de Jesús y se incline ante su

> Llegará el día en que todo hombre confiese el señorío de Jesús y se incline ante su trono, algunos voluntariamente, otros no; pero él reinará como Señor.

trono, algunos voluntariamente, otros no; pero él reinará como Señor. Su reino vendrá y su voluntad se hará en la tierra como en el cielo.

La confesión principal de la iglesia del Nuevo Testamento fue el señorío de Jesús. «... si confesares con tu boca que Jesús es el Señor, y creyeres en tu corazón que Dios le levantó de los muertos, serás salvo» (Ro 10:9). Esto significa dos cosas: reconozco que Dios ha exaltado a Jesús como Señor y, por lo tanto, lo tomo como mi Señor.

Esta es la misma teología que se expresa en Marcos 10:15: «De cierto os digo, que el que no reciba el reino de Dios como un niño, no entrará en él. El reino real de Dios es una realidad presente a la que puedo inclinarme; se manifestará con poder y gloria al final de la era cuando todos los hombres deban inclinarse ante él.

Por lo tanto, es necesario modificar la estructura del sistema de dos eras que se describe en la página 119, ya que los poderes de la era venidera no son exclusivos del futuro, sino que ya han llegado a los que están en Cristo. Por consiguiente, sugerimos el siguiente cuadro:

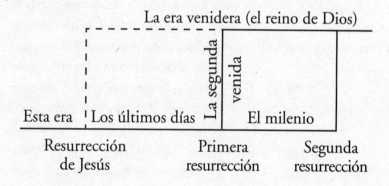

El reino de Dios pertenece a la era venidera, pero, como hemos visto, el reino de Dios ya ha venido, no con poder y gloria visible, sino en el manso y humilde Jesús de Nazaret. La plenitud del reino de Dios no se realizará antes de la era venidera, pero Satanás ya está atado; ya ha sido derrotado y espera su destrucción final en el lago de fuego.

Hemos visto que la resurrección, al menos la de los santos, tendrá lugar en la segunda venida de Jesús. Sin embargo, también hemos visto que la resurrección de Cristo no es más que el comienzo, las primicias, de la resurrección escatológica (1 Co 15:23). Aquí hay otra bendición de la era venidera que ha irrumpido en esta era actual y llena de maldad. La resurrección de Jesús no fue la revivificación de un cadáver; fue el surgimiento de la vida eterna y la inmortalidad en medio de la mortalidad (2 Ti 1:10). Por lo tanto, los creyentes podemos compartir la vida de Jesús aquí y ahora mientras aún vivimos en nuestros cuerpos mortales y moribundos. Por eso Juan habla tan seguido de la vida eterna como una bendición presente. Esta vida es el conocimiento de Dios el Padre y la comunión con él a través de Jesucristo (Jn 17:3).

Aunque compartimos la vida de Jesús, aunque hemos sido resucitados de la muerte espiritual a la vida espiritual (Ef 2:1-6), nuestros cuerpos siguen siendo mortales y moribundos. Aunque el cuerpo está muerto a causa del pecado, el espíritu ha sido vivificado a causa de la justicia (Ro 8:10). Solo en la resurrección en la segunda venida de Cristo, los creyentes recibirán «cuerpos espirituales», cuerpos completamente transformados por el poder del Espíritu Santo. Sin embargo, la obra del Espíritu Santo no es exclusivamente teológica. «Y si alguno no tiene el Espíritu de Cristo, no es de él» (Ro 8:9). Dios ya nos ha dado su Espíritu para renovar nuestro espíritu; en el escatón, su Espíritu renovará nuestros propios cuerpos. Este es otro anticipo de las bendiciones de la era venidera. El presente regalo del Espíritu «... es las arras de nuestra herencia hasta la redención de la posesión adquirida...»

> Solo en la resurrección en la segunda venida de Cristo, los creyentes recibirán «cuerpos espirituales», cuerpos completamente transformados por el poder del Espíritu Santo.

(Ef 1:14). La palabra traducida como «arras» significa «pago inicial», mucho más que una mera garantía. El Espíritu ya nos ha renovado en nuestro interior. Esta renovación interior es un pago inicial del regalo total del Espíritu que, en la resurrección, nos renovará en nuestro exterior, es decir, corporalmente.

De este modo, por la presencia del gobierno de Dios en Cristo, el reino de Dios, por la resurrección de Cristo, por el regalo de la vida eterna, por la renovación del Espíritu Santo, vivimos «entre los tiempos». Todavía vivimos en este siglo presente y lleno de maldad. Todavía tenemos cuerpos mortales y moribundos. Seguimos siendo pecadores, aunque hayamos sido redimidos. Hemos entrado en una nueva era, caracterizada por la superposición de la era antigua y mala y la era venidera.

La Biblia habla de este período como «los últimos días». Esto se desprende de dos pasajes. En el día de Pentecostés, cuando Dios derramó su Espíritu, Pedro citó la profecía mesiánica del don del Espíritu de Joel, pero agregó: «"Y SUCEDERÁ EN los ÚLTIMOS días", DICE DIOS, "QUE DERRAMARÉ DE MI ESPÍRITU SOBRE TODA CARNE…"» (Hch 2:17, NBLA). En el Antiguo Testamento, «los últimos días» a menudo significan la era mesiánica, el tiempo del reino escatológico de Dios (ver Is 2:2; Os 3:5; Jr 23:20) al final de la historia. Pedro coloca los postreros días en la historia. El día del Señor aún está en el futuro (Hch 2:20) y está precedido por los últimos días.

Hebreos hace lo mismo. Dios «en estos últimos días nos ha hablado por *Su* Hijo…» (He 1:2, NBLA). Muchos cristianos evangélicos piensan en los últimos días como la época final justo antes del fin. El Nuevo Testamento lo equipara con la nueva era introducida por Jesús y el Pentecostés. El anticipo de la era venidera debería hacer que su realidad sea mucho más significativa. El cristiano es un hombre de dos mundos; está destinado a heredar la era venidera porque ya ha experimentado su vida y poder. Esto hace que la oración siguiente cobre mayor significado: «Ven pronto, Señor Jesús».

ACERCA DEL AUTOR

George Eldon Ladd (1911-1982) fue profesor de Exégesis y Teología del Nuevo Testamento en el Fuller Theological Seminary, en Pasadena (California). Entre sus numerosas obras están *Teología del Nuevo Testamento, El evangelio del reino, Los últimos tiempos, La esperanza bienaventurada,* entre otras.